Anselm Oelze
Die Grenzen des Glücks

Eine Reise an den Rand Europas

Schöffling & Co.

Erste Auflage 2021

Satz: Fotosatz Amann, Memmingen
Druck & Bindung: Pustet, Regensburg
ISBN 978-3-89561-133-9
www.schoeffling.de

»Wir glauben, wenn ihr uns vor euch seht,
werdet ihr uns nicht sterben lassen.
Deswegen kommen wir nach Europa.«

Der Nordafrikaner Isa El-Mahdi
im Film *Der Marsch*, GB 1990

UNGLEICHZEITIGKEITEN

In meiner Schulzeit fuhr ich gerne nach Lesbos. Ich musste nur mein Lehrbuch des Altgriechischen aufschlagen (es zeigte die Reste eines antiken Tempels vor sanften Hügeln auf seinem Umschlag), und schon konnte ich mit dem Zeigefinger durch die Ägäis reisen: vom Olymp im Westen, wo, der späteren Sage nach, die Göttinnen und Götter wohnten, über die wir so vieles lesen mussten, bis nach Kleinasien im Osten, wo Homers *Ilias* spielt. Es waren keine vergeudeten Stunden, diese Fahrten, im Gegenteil. Man ließ den Aorist Aorist sein und träumte sich an jene »krummen Gestade«, von denen in den altertümlichen Übersetzungen eines Johann Heinrich Voß die Rede war: *Jetzo landeten wir am sandigen Ufer der Insel, / Stiegen alsdann aus dem Schiff' ans krumme Gestade des Meeres, / Schlummerten dort ein wenig, und harrten der heiligen Frühe.*[1] Sie war in der Tat heilig, die Frühe damals. Kaum jemanden von uns verlangte es wirklich danach, einen Spiritus asper in die morgendliche Kälte zu hauchen. Stattdessen lockte das Kopfkissen, noch warm vom nächtlichen Schlaf.

Um die Mittagszeit, wenn die Müdigkeit erneut zuschlägt, trifft man sich in den Cafés von Panagioúda. Der Ort liegt im Osten von Lesbos, keine Viertelstunde Autofahrt von Mytilene, der Inselhauptstadt, entfernt. Es gibt Espresso, Cappuccino oder Eiskaffee gegen die Schwere der Lider; für leere Mägen empfiehlt die Menükarte Sandwich mit Feta, Tomaten und schwarzer Olivenpaste, herzhafte Crêpes mit Schinken und Käse oder Waffeln mit Weintrauben, Mangostückchen und Schokoladeneis. Aus den Lautsprechern kommt (wie sollte es, hier direkt am Wasser, auch anders sein?) sanfte Café-del-Mar-Musik, ansonsten läuft wahlweise griechischer Pop. Im Hintergrund (es ist tatsächlich eher nur Kulisse) leuchten die Häuser des Ortes: in Altrosa, Blassblau, Mattgelb, Weiß. Die Kuppel der griechisch-orthodoxen Kirche, die, wie so viele ihrer Art, der Mutter Gottes geweiht ist, wurde silbern angestrichen. Sie glänzt in der Mittagssonne, als wäre sie von Alufolie umhüllt. Auf einem Platz zwischen den Cafés und Restaurants sitzt ein Pärchen im Schatten hoher Bäume. Ein Fischer, das Gesicht sonnengebräunt, flickt sein Netz. Sein Bötchen schaukelt ruhig und entspannt, umgeben von kleinen Segeljachten und Motorbooten. Eine Mole schirmt den Hafen gegen die Wellen des Meeres ab. Durch die Wedel der Palmen, die neben den Cafétischen stehen, fährt ein leichter Wind und trägt die Hitze fort. Es ist, wie einer der hier Sitzenden sagt, als gäbe es kein Leid dieser Welt.

Im Jahr 1935 veröffentlichte der Philosoph Ernst Bloch ein Buch mit dem Titel *Erbschaft dieser Zeit*. Darin unternahm er, Sohn jüdischer Eltern aus der Pfalz, verheiratet mit einer polnischstämmigen, ebenfalls jüdischen Architektin, den Versuch, den Aufstieg des Nationalsozialismus zu verstehen. Das Buch erschien bei Emil Oprecht in Zürich. Es wurde also in jenem Land veröffentlicht, aus dem Bloch zuvor wegen des Vorwurfs der Komplizenschaft mit kommunistischen Kreisen ausgewiesen worden war. Sein Buch besaß eine Verlagsheimat; er selbst hingegen, 1933 als Jude aus Deutschland in die Schweiz emigriert, war zum Zeitpunkt des Erscheinens eine Art Staatenloser. In *Erbschaft dieser Zeit* greift Bloch auf eine Gedankenfigur zurück, die sich in den zwanziger Jahren des vorigen Jahrhunderts einer gewissen Beliebtheit erfreute: die Idee von der ›Gleichzeitigkeit des Ungleichzeitigen‹. In einer vielzitierten Passage schreibt er: »Nicht alle sind im selben Jetzt da. Sie sind es nur äußerlich, dadurch, daß sie heute zu sehen sind. Damit aber leben sie noch nicht mit den anderen zugleich.«[2] Die Zwecke, zu denen Bloch dies schrieb, sind spezielle. Die Zeiten, in denen er es tat, sind vergangen. Aber die Gleichzeitigkeit des Ungleichzeitigen gibt es noch immer, und sie ist im kleinen Fischerdörfchen Panagioúda mehr als nur eine Idee. Sie ist Realität.

Wer im Skiniko Café bei einem Espresso, einer Coca-Cola und einem warmen Sandwich sitzt und den Blick von Norden nach Süden schweifen lässt (dort beginnend, wo der Fischer gerade sein Netz flickt), wird zunächst nur das Wasser sehen und die Mole, im Hintergrund die braun gegen den blauen Himmel abgesetzten Berge der Türkei (sie sind nur rund fünfzehn Kilometer entfernt). Aber je weiter der Blick nach Süden wandert, desto heftiger wird er gestört, oder irritiert vielmehr, von dem, was es dort am anderen Ende der Bucht, zu Füßen eines spärlich mit Bäumen bestandenen Hügels, zu sehen gibt. Es sind nicht die weiß getünchten Fassaden und die runden, blauen Dächer malerischer Steinhäuschen, mit denen das Urlaubsziel Griechenland so gerne beworben wird. Es sind die weißen, beigen und hellgrauen Planen von Zelten. Vor einigen Tagen erst wurden sie errichtet, auf staubigem, steinigen Untergrund. Sie tragen das Logo des UNHCR (des Flüchtlingshilfswerks der Vereinten Nationen), der IOM (der Internationalen Organisation für Migration) und des

DRK (des Deutschen Roten Kreuzes). Sie stehen dicht an dicht und in unmittelbarer Nähe zum kiesigen Ufer, wo die Wellen des Meeres anbranden. Vor zwei Wochen noch badeten hier die Einheimischen, vielleicht vor einem Sundowner im Skiniko Café. Jetzt schwimmen an ihrer Stelle Plastikflaschen, Essensreste und der aufgepumpte Schlauch eines Autoreifens im Wasser. In der Mitte des Schlauchs planscht ein Kind.

Es ist ein Sonntagabend Ende September, als die kleine Propellermaschine, in die ich in Athen gestiegen bin, auf Lesbos aufsetzt. Der Flieger ist nicht ausgebucht, kaum die Hälfte der Sitzplätze ist belegt. Schon im Zubringerbus am Flughafen hatte ich die Mitreisenden so unauffällig wie möglich gemustert. Ich fragte mich, ob abgesehen von den Einheimischen, die von irgendeinem Termin oder Besuch auf dem Festland zurückkehren, überhaupt noch irgendwer in dieses Flugzeug steigt, ohne mit den Zelten gegenüber von Panagioúda in Verbindung zu stehen; ob es hier überhaupt noch so etwas gibt wie einen normalen Tourismus. Vielleicht könnte das junge verliebte Pärchen dort drüben, sie in dünner weißer Sommerhose, er in schwarzen Shorts, ein Indiz dafür sein? In Mytilene quartiere ich mich im Hotel Blue Sea ein. Es heißt, dies sei der Ort, an dem sich die internationale Gemeinschaft treffe. Und tatsächlich begegne ich beim Frühstück am Montagmorgen zwischen Marmeladenbrot und Schwarztee dem Who's who der humanitären Hilfe: Da sitzen die Malteser, das Deutsche Rote Kreuz, das Österreichische Rote Kreuz, UNICEF und die Swiss Humanitarian Aid beieinander, an Tischen und Stühlen in strahlendem Weiß. Vor der breiten Glasfront, jenseits der Straße, über der eine Mischung aus frischer Meeresmorgenluft, stinkenden Abgasen und Putzmitteln schwebt, liegt ein Schiff der Border Police. An der Seitenwand der Brücke klebt ein Aufkleber von Frontex (der Europäischen Agentur für die Grenz- und Küstenwache). Diejenigen, die hier sind, wären wohl kaum hier, wenn nicht zweieinhalb Wochen zuvor, in der Nacht vom 8. auf den 9. September,

Moria, das größte Flüchtlingslager Europas (welch fragwürdige Auszeichnung), in Flammen aufgegangen wäre. Von einer Stunde auf die andere saßen elf-, zwölf- oder gar dreizehntausend Menschen auf der Straße (die Zahlen sind, wie so vieles hier, nicht genau zu ermitteln, und sie sind, ebenfalls wie so vieles hier, ein Politikum). Es wäre irreführend, zu behaupten, die Menschen hätten plötzlich kein Dach mehr über dem Kopf gehabt. Auch in den Tagen, Wochen, Monaten und Jahren zuvor (der Beginn des sogenannten Erstaufnahmelagers datiert auf das Jahr 2015) schützten sich die meisten von ihnen lediglich mit Planen oder anderen Provisorien gegen Sonne und Wind, gegen Regen und Schnee. Nun aber waren sie verstreut auf die Olivenhaine, schliefen, wenn von Schlaf denn überhaupt gesprochen werden kann, unter den Dächern eines Supermarktparkplatzes und auf den Straßen in Richtung Meer. Schon kurz nach dem Brand hieß es bei Google Maps, das Flüchtlingslager Moria sei »vorübergehend geschlossen«.

Für gut anderthalb Wochen steht Moria medial ganz oben auf der Agenda. Die Geschichten liegen auf der Straße. Und so gibt es zahlreiche Berichte von mangelnder Hygiene und fehlender medizinischer Versorgung (was nicht heißt, dass vor dem Brand auch nur eines von beiden in ausreichendem Maße vorhanden gewesen wäre, aber nun ist alles vollständig zusammengebrochen). Kameraaufnahmen zeigen, wie Familien mit schreienden Kindern von der Polizei mit Tränengas beschossen werden (*A Short Story of Moria*, ein viertelstündiges Video über die Zustände im Camp vor und nach dem Brand, schafft es am 16. September zur Primetime ins Privatfernsehen und geht in den folgenden Tagen bei YouTube viral). Und es herrscht in vielen Kommentaren Einigkeit darüber, dass dieser Brand ein Geschehen mit Ansage war, und zwar im doppelten Sinne: Diejenigen, die im Camp lebten, seien zum Teil von dem Vorhaben unterrichtet gewesen, heißt es (auch im Camp selbst werde ich, ohne danach gefragt zu haben, mit dieser Erzählung konfrontiert). Wie sonst sollten so viele Menschen binnen so kurzer Zeit aus einem überfüllten Lager fliehen, ohne sich zu Tode zu trampeln oder zu verbrennen? Zudem sei doch eigentlich schon seit Langem bekannt, wie es um die Situation auf der Insel bestellt ist. Es hatte in der Vergangenheit mehr als nur eine Petition, mehr als nur einen Aufruf gegeben, schleunigst etwas daran zu ändern.

Die Bilder und die Augenzeugenberichte verfehlen ihre Wirkung nicht, und sie verfehlen sie doch: Eine knappe Woche nach dem Brand verkündet der deutsche Innenminister Horst Seehofer, Deutschland nehme eintausendfünfhundertunddreiundfünfzig Menschen auf (die Zahl erscheint in ihrer Beliebigkeit genauso merkwürdig, wie sie sich ausgeschrieben liest). Der Nebensatz, dass es sich dabei nicht allein um ein Kontingent für Lesbos, sondern für sämtliche griechische Inseln handelt (denn auch auf Samos, Chios, Leros und Kos sitzen Menschen fest; insgesamt sind es an die fünfunddreißigtausend), bleibt geflissentlich unerwähnt.

Und je mehr Tage vergehen mit der politischen Diskussion, wie diese Maßnahme zu beurteilen sei, wie überhaupt verfahren werden sollte, ob ›ein deutscher Alleingang‹ das richtige Mittel sei, um die Situation zu entspannen, ob man sich damit nicht erpressbar mache, desto unaufhaltsamer wächst auf Lesbos ein neues Camp heran. Es liegt keine fünf Autominuten vom alten Camp entfernt, nur nicht im Inland, zwischen Olivenbäumen, sondern auf einer Art Halbinsel, die wie ein Sporn ins Meer ragt. Kara Tepe, so lautet der Name des Ortes, zu Deutsch ›Schwarzer Hügel‹. Es gibt Berichte, wonach längst nicht alle aus dem alten in das neue Camp übersiedeln wollten. Doch schon anderthalb Wochen nach dem Brand ist der ›Umzug‹ ohne größere Zwischenfälle, ohne den erwarteten Knall so gut wie abgeschlossen. Die meisten Kamerateams besteigen die Flugzeuge zurück in die Städte ihrer Redaktionssitze. Am Samstag, dem 19. September, ist der eine Woche zuvor eingerichtete Themenschwerpunkt ›Lesbos‹ aus der Audiothek des *Deutschlandfunk* wieder verschwunden.

VERTRAUTHEITEN

Im letzten Jahr meines Bachelorstudiums verbrachte ich einige Monate in den USA. Ich schrieb gerade an meiner Abschlussarbeit über die spätmittelalterlichen Quellen der Sprachphilosophie von Thomas Hobbes. Gemeinsam mit einem Freund nahm ich mir ein kleines Zimmer in einem Haus auf der 8th Street NW in Washington, D. C. Jeden Morgen bestieg ich an der Metrostation ein Leihfahrrad, rollte zwischen Taxis, Trucks, Limousinen und SUVs die Georgia Avenue NW hinunter, bog am Mount Vernon Square auf die Massachusetts Avenue NE ab, radelte an der Union Station vorbei und machte dann einen Schlenker nach Süden zur Library of Congress. Stundenlang saß ich an einem der hölzernen Tische im Hauptlesesaal unter der großen Kuppel des Thomas Jefferson Building. In den Pausen ging ich nach draußen und blickte auf das Kapitol. Obwohl ich mich zum allerersten Mal in den USA aufhielt, kam mir alles merkwürdig vertraut vor: die lange Sichtachse der National Mall, der Obelisk des Washington Monument nahe dem Weißen Haus, die breiten, vielspurigen Straßen, die Fast-Food-Restaurants. Auch an anderen Orten, die ich während meines Aufenthalts besuchte, erging es mir so. Ich konnte mit Sicherheit sagen, hier noch nie gewesen zu sein. Doch zugleich war mir das meiste, was ich sah, nicht neu. Mein Blick, so dämmerte mir, war so stark geprägt von den Bildern aus nordamerikanischen Filmen und Serien, dass mir die Kulissen in der Realität wie alte Bekannte erschienen.

Dieses Gefühl, noch nie an diesem Ort gewesen und doch bildlich ganz vertraut damit zu sein, befällt mich auch, als ich zum ersten Mal in das neu errichtete Camp von Kara Tepe fahre. Es ist wie der Sprung in ein Nachrichtenbild hinein. Am Eingang sind ein Löschfahrzeug der örtlichen Feuerwehr und mehrere Polizeiautos postiert. Doch wir dürfen ungehindert passieren. Die Person, die das Auto fährt und mich unbemerkt einschleust, ist der Einlasskontrolle bereits bekannt. Niemand schöpft Verdacht, der junge Mann auf dem Beifahrersitz könne andere als humanitäre Gründe für einen Besuch im Camp haben. Auch Kara Tepe wird, ebenso wie noch bis vor Kurzem Moria, normalerweise vor Medien abgeschirmt; tatsächlich geht am Morgen nach meinem ersten Besuch im Hotel das Gerücht um, zwei Deutsche seien wegen illegalen Betretens verhaftet worden. Vielleicht kommt mir zugute, dass schon am Einlass eine gewisse übersichtliche Unübersichtlichkeit herrscht: Überall stehen und laufen Menschen herum. Sie warten darauf, aus dem Camp herausgehen zu dürfen, oder darauf, wieder hineingelassen zu werden; die Schlange ist teilweise einige hundert Meter lang. Während wir die Schotterstraße hinunterrollen, links das Meer, rechts die erste Ansammlung von Zelten, springen Kinder beängstigend nahe vor der Motorhaube herum. Sie äugen, wie auch die Männer und Frauen, die, mit Bündeln bepackt oder zerschlissene Buggys vor sich herschiebend, in Richtung Ausgang gehen, durch die Fensterscheiben hinein. Ich hatte mich vor dem Voyeurismus des eigenen Blicks gefürchtet. Nun beruht die Neugierde zumindest auf einer gewissen (wenn auch asymmetrischen) Gegenseitigkeit. Staub wirbelt hinter unserem Auto auf, während wir weiter ins Lager hineinfahren, und lässt diejenigen, die hinter uns laufen, in einer beigen Wolke verschwinden.

Das Lager, so lasse ich mir erklären, ist in verschiedene Viertel unterteilt. Gleich hinter dem Einlass befindet sich ein von Maschendraht umzäuntes Areal. Es ist der Isolationsbereich der positiv auf das Coronavirus Getesteten. Kurz danach passieren wir eine Stelle, an der etliche Zelte hinter NATO-Draht stehen. Angeblich handelt es sich um eine Quarantänezone. Sie ist, wie überhaupt das ganze Camp, der prallen Sonne, den Winden und der Witterung ausgesetzt. Lediglich im Zentrum steht eine einsame Gruppe schmal gewachsener hoher Bäume. Ihr dürftiger Schatten dient um die Mittagszeit als Treffpunkt für eine Traube Kinder. Animiert von ein paar Freiwilligen vollführen sie Klatsch- und Singspiele. Vom Eingang her links der Baumgruppe befindet sich das afrikanische Viertel. In den Zelten des UNHCR liegen hier Menschen dicht an dicht. Für allein reisende Männer sind rechts der Bäume auf einer Anhöhe große, hallenartige Zelte errichtet. Sie sind so lang, so breit und so hoch, dass sie problemlos Tausende Paletten mit Nahrungsmitteln oder NFI (*non-food items*), wie es in der Sprache der NGOS heißt, fassen würden. Doch anstelle von Hilfsgütern stehen Doppelstockbetten darin. Kaum ein Meter Platz ist zwischen ihnen. In jedem liegt mindestens ein Mensch. Das alte Lager in Moria war in den vergangenen Jahren immer wieder wegen Überfüllung in die Kritik geraten (das ursprüngliche Camp, von doppelten Zäunen wie ein Gefängnis gesichert, war für weniger als dreitausend Menschen ausgelegt; zwischenzeitlich lebten dort und in den umliegenden Olivenhainen fünf- bis sechsmal so viele). Kurz nach Beziehen des neuen Lagers berichtet ein Korrespondent auf der Internetseite der *Tagesschau*, es bestehe die Hoffnung, dass das neue Lager Kara Tepe »kein Moria 2« werde. Die Hoffnung stirbt einigermaßen schnell. In den rund eintausendeinhundert Zelten leben, nein, eigentlich darf es nur heißen: sitzen und liegen, über achttausend Menschen. Eine sogenannte *Basic Living Unit for Emergency*, von denen das DRK zweihundert aufgestellt hat, ist für eine Familie ausgelegt. Doch in den meisten Zelten, in die ich hineinschaue, drängen sich zwei Familien. Auf vier mal viereinhalb Metern haben sie ihre dünnen, blauen Matten ausgelegt. Für mehr ist bei neun bis zehn Personen pro Zelt kein Platz. Die Augen, die mich aus dem Halbdunkel ansehen, betteln flehentlich um eine *partition*. Gemeint ist eine dünne Plastikplane zum Unterteilen des Zelts. Es ist die einzige Möglichkeit, Privatsphäre zu schaffen; eine Privatsphäre, die kaum den Namen verdient. Denn tagsüber ist dennoch jedes Wort zu hören. Und hustet nachts jemand oder weint ein Kind (und es gibt viele Kinder hier), wird das ganze Zelt wach. In Deutschland melden einige Zeitungen unter Berufung auf die Deutsche Presseagentur derweil: »Flüchtlingslager: Keine Überfüllung mehr auf Lesbos.«

Wir fahren weiter am Fuß des Hügels entlang. In den hiesigen Vierteln am Wasser leben vorrangig Familien aus Afghanistan. Sie stellen, neben Menschen aus Afrika, die größte Gruppe im Camp und sind deutlich zahlreicher vertreten als diejenigen aus Syrien oder dem Irak. Die Zelte stehen nah beieinander, kaum zwei Meter sind dazwischen Platz. Man muss, wenn man zwischen ihnen hindurchläuft, aufpassen, nicht über Zeltschnüre zu stolpern (viele davon sind von Zelt zu Zelt als Wäscheleine gespannt) oder über herausragende Heringe (der Boden ist zu hart und zu steinig, als dass man sie ganz hineinschlagen könnte). Unten am Wasser sitzen Frauen und waschen in bunten Plastikschüsseln schmutzige Kleidung. Ein Müllauto rollt vorbei und entleert die stinkenden Tonnen. Die Geräusche des Lagers bilden eine seltsame Mischung aus den Klängen eines sommerlich-leichten Strandtags (man schließe die Augen und lausche den Rufen der Kinder, dem Singsang der Stimmen, den Schreien der Möwen, dem Schlag der Wellen) und dem hämmernden Lärm einer Baustelle (es rumpeln neben dem Müllauto allerlei Bagger und Trucks umher, dazu kommen die Jeeps der Polizei und die Fahrzeuge der Hilfsorganisationen).

Neben manchen Zelten brennen kleine Holzfeuer. Kinder schaffen Stöcke und Reisig herbei. Es gibt keine Elektrizität, und solange die Polizei nicht das Löschen der Feuer verfügt, sind sie die einzige Möglichkeit, um selbstständig ein warmes Essen zuzubereiten. Muhammad, ein vierundzwanzigjähriger Paschtune, der wenigstens so gut Englisch spricht, dass überhaupt ein Gespräch möglich ist (denn von den Landessprachen derjenigen, die sich hier aufhalten, beherrsche ich keine einzige; ich bin mit meinem Altgriechisch, meinem Latein und all den anderen Fremdsprachen am Ende), erzählt, es gebe derzeit nur eine Essensausgabe pro Tag. Oft stelle er sich um kurz nach zwölf am Mittag an, um dann gegen drei Uhr nachmittags eine Anderthalb-Liter-Flasche Wasser in Empfang zu nehmen, dazu Brot, etwas Hühnchen, gestern Pilze. Die hätten aber so schlecht gerochen, dass nicht einmal die streunenden Hunde sie anrühren mochten. Ich frage, woher die Menschen die Zutaten für die Gerichte über dem Holzfeuer nehmen. »From the supermarket«, antwortet Muhammad. Eine dumme Frage, ich hätte es mir denken können. Wie viel Geld sie monatlich bekämen, will ich wissen. »Seventy-five euros«, sagt er, neunzig Euro seien es bis vor einem Monat pro Erwachsenem gewesen; für ein Kind gebe es fünfunddreißig, allerdings nur für eine begrenzte Zahl von Mitgliedern pro Familie. Das Geld kommt, so lasse ich es mir später von einem Mitglied des Europäischen Parlaments (einem der wenigen, die sich von parlamentarischer Seite überhaupt hier blicken lassen) erklären, von der EU. Es wird durch das

Flüchtlingshilfswerk der Vereinten Nationen auf eine Geldkarte ausgezahlt. Damit sind Barabhebungen möglich (gegen Gebühr, betont Muhammad), ebenso Kartenzahlungen, etwa im Lidl nebenan. Der hat sein Sortiment sogar angepasst: Es gibt große Reissäcke zu kaufen, auch Hirse. Die Preise dafür sind durchaus moderat. Doch insgesamt sind sie noch immer zu hoch, als dass fünfundsiebzig Euro ausreichten, um über den Monat zu kommen. Das Zimmer, das ich im Hotel Blue Sea bewohne, kostet inklusive Frühstück achtzig Euro. Pro Tag.

Im gesamten Camp herrscht eine ernsthafte Betriebsamkeit. Niemand, den ich sehe, erlaubt sich Müßiggang. Selbst dem Spiel der Kinder wohnt etwas Ernstes inne. Manche kriechen immer wieder durch zwei Betonröhren, die unter einem notdürftig gegen die scharfen Winde aus Norden am Ufer aufgeschütteten Wall liegen. Aber vielleicht ist ihr Spiel auch einfach so ernst wie das Spiel von Kindern überall auf dieser Welt, und es ist vielmehr die Geschäftigkeit der

Erwachsenen, die notgedrungen etwas Spielerisches, weil von der Welt nicht Ernstgenommenes hat. Es gibt hier, anderthalb Wochen nach Bezug des Camps, kaum mehr etwas Sinnvolles zu tun. Die Zeltwände sind, wie Caravan-Planen auf einem Platz für Dauercamper, am Boden ordentlich abgedichtet und beschwert mit Schotter und Erde. In manchen Zelten wurde bereits ein Boden aus Europaletten und darauf festgenagelten dünnen Pressspanplatten verlegt. Sie sollen schützen gegen Nässe und Kälte (denn die werden früher oder später kommen) sowie gegen die Unebenheiten und spitzen Steine auf dem Boden. Zwischen den Zelten gibt es Kochstellen. Alles wirkt, gelinde gesagt, improvisiert. Wer die Ausgangszeiten zwischen acht Uhr morgens und acht Uhr abends nutzt, kann im Supermarkt einkaufen gehen oder, das höchste der Gefühle, nach Mytilene fahren (nicht wenige laufen), um durch die Einkaufszeile zu streifen. Dort aber werden die Menschen aus dem Camp nach so vielen Jahren dauerhaften Ausnahmezustands auf der Insel beäugt wie die zahlreich streunenden Katzen und Hunde. Sie werden allenfalls geduldet. Wer kann (es sind die wenigsten), betätigt sich dolmetschend, etwa in einer der mobilen Kliniken der Ärzte der Welt oder des Griechischen Roten Kreuzes oder in einem der Administrationszelte des UNHCR. Die NGO Refugee 4 Refugees vermittelt helfende Hände und Köpfe innerhalb des Camps. Die Organisation Movement on the Ground verteilt weiße T-Shirts und orangefarbene Mützen und ruft etwa zum Müllsammeln am Meer auf. All dies geschieht mit Hingabe und dient doch nur einem verzweifelten Zweck: dem Tag eine Struktur zu geben und irgendwie die Zeit herumzukriegen.

Als ich im Jahr 2005 mein Abitur ablegte, war die Aussetzung der Wehrpflicht noch nicht in Sicht. Ich bewarb mich, weil ich den unerklärlichen, aber dringenden Wunsch hatte, Archäologie zu studieren, um eine Stelle als Zivildienstleistender beim Thüringischen Landesamt für Archäologie. Schon mein erster Morgen begann mit einem Eklat. Ich war um kurz nach sieben in den Zug gestiegen und saß pünktlich zum Dienstbeginn um halb acht auf dem Hof hinter dem Museum für Ur- und Frühgeschichte in Weimar, um einen ersten Auftrag in Empfang zu nehmen. Doch niemand erschien. Ich ließ eine Viertelstunde verstreichen, dann packte ich eine Zeitung aus. Ich konnte es nicht ertragen, untätig herumzusitzen. Es drängte mich, meine Zeit zu nutzen. Mein Vorgesetzter sah das anders und erteilte mir, als er mich Zeitung lesend vorfand, eine heftige Rüge. Einige Monate später erhielt ich (und ich weiß bis heute nicht, ob als Strafe oder als Ehrung) eine besondere Aufgabe. Der Silberschatz eines jüdischen Kaufmanns war gefunden worden, versteckt bei einem Pogrom im Erfurt des vierzehnten Jahrhunderts. Dreitausendeinhunderteinundvierzig französische Silbermünzen gehörten dazu. Jede einzelne von ihnen sollte vermessen, gewogen, beidseitig fotografiert und mit einer Nummer versehen werden. Und da habe man an mich gedacht, so teilte man mir mit. Ich erhielt ein eigenes Büro, in

Wirklichkeit handelte es sich eher um eine Abstellkammer im Dachgeschoss des Hausmeisterhäuschens. Dort saß ich fortan acht Stunden am Tag ganz allein über kleine Silbermünzen gebeugt. Es war, als hätte jemand die Zeit angehalten, als wäre eine Minute plötzlich so lang wie eine Stunde. Ich empfand eine solche Sinnlosigkeit bei meinem Tun, dass ich mich teilweise in Schulstunden, gar in Klausuren zurückwünschte in Fächern, die ich während meiner Schulzeit gehasst hatte. Ich nutzte jede Gelegenheit zur Flucht, entschwand möglichst unbemerkt in der Frühstücks- und Mittagspause vom Gelände, stahl mich in die Buchhandlung in der Schillerstraße und den Bücherkubus der Anna-Amalia-Bibliothek. Je routinierter und schneller ich die Münzen abfertigte, desto länger konnte ich bei den Büchern bleiben. Bald schon verbrachte ich mehr Zeit bei ihnen als in meiner Dachkammer. Sie waren es, die mir das Warten auf das Ende meines Dienstes erträglich machten. Sie erlaubten mir, wenigstens im Kopf eine andere Welt zu betreten. Und sie ermöglichten mir, irgendwie die Monotonie des Alltags zu überstehen. Nach Abschluss der neun Monate waren alle Münzen auftragsgemäß archiviert. Ich konnte ins Freie treten, die Welt stand mir offen (so offen, dass ich als Erstes beschloss, auf keinen Fall Archäologie zu studieren). Es war überhaupt diese Perspektive gewesen, das Wissen darum, dass ich meine Freiheit nur für einen begrenzten Zeitraum entbehren musste, das mich durchhalten ließ.

Etliche Menschen, die ich in Kara Tepe spreche, sind ebenfalls schon seit neun Monaten im Wartestand. Aber es gibt etwas, das ihr Warten unerträglich macht, das mein Warten von damals im Vergleich zu ihrem als Lappalie erscheinen lässt, nämlich das Fehlen einer Perspektive. Sie haben keinerlei Ahnung, wie lange sie überhaupt noch werden warten müssen. Insofern es sich bei ihnen nicht um bereits abgelehnte Asylsuchende handelt, warten sie auf einen Bescheid ihres Asylantrags. Aber da dessen Bearbeitung nicht in ihren Händen liegt, besteht das einzige Mittel, das ihnen bleibt, um irgendwie ›selbstwirksam‹ zu sein (ein Ausdruck, der in Ratgebern zur Resilienz, zum Durchstehen von Krisensituationen also, großgeschrieben wird), darin, sich eine Aufgabe zu suchen, und sei sie noch so klein. Muhammad aus Afghanistan lernt nachts auf dem Handy so viele Fremdsprachen, wie sein Kopf nur fassen kann. Stolz und lachend zählt er auf, welche er bereits beherrsche. Gerade lerne er jede Nacht Griechisch und in den frühen Morgenstunden, von drei bis fünf Uhr, wenn es besonders kühl werde, Deutsch. Es ist seine Antwort auf meine Frage, ob es nachts trotz der bis zu dreißig Grad am Tag nicht schon empfindlich kalt sei. Mit dem Repetieren deutscher Zahlwörter halte er sich warm. Ich denke an einen Linienbus, der am Morgen bei unserer Anfahrt die Straße am Meer in Richtung des Camps passierte. Eine große Werbung klebte auf seiner Seitenfront. Der Slogan lautete: *Carpe diem.* Nutze den Tag.

Der Hügel, der dem Lager seinen Namen gibt und es auf der Nordostseite überragt, ist steinig. Eine Woche zuvor, etliche Zelte waren da bereits errichtet und Bagger planierten weiteres Terrain, stiegen Soldaten die schmalen Pfade hinauf. Sie hielten, wie ein Video zeigt, Metalldetektoren in den Händen, um Munitionsreste zu finden. Hinter ihnen her liefen Kinder.[3] Ein Großteil der Menschen, die hier kampieren, kommt aus sogenannten Kriegs- und Krisengebieten. Und selbst wenn aktuell kein Krieg (mehr) herrscht, haben die meisten von ihnen doch kriegerische Auseinandersetzungen erlebt. Nun wurden sie zu Tausenden ausgerechnet auf einen alten Truppenübungsplatz des griechischen Militärs gepfercht. Vom Hügel aus lässt sich fast das gesamte Meer der Zelte sehen, umschlossen vom blauen Wasser der Ägäis. Auch die Mole Panagioúdas ist zu erspähen. Auf der Schotterstraße, die den Hügel hinauf zum großen Zelt der Internationalen Organisation für Migration und zu den kleineren Zelten anderer Hilfsorganisationen führt, läuft ein junger Mann. Auf seinem T-Shirt, er hat es vermutlich bei einer der Kleiderausgaben erhalten, steht *Eat. Sleep. Ride. Repeat.*

Könnte der Staub, der, von den Baggern und Fahrzeugen aufgewirbelt, sichtbar über dem Lager steht, ein Symbol formen, es müsste ein Fragezeichen sein. Denn wer diese Szenerie unter der prallen Mittagssonne beobachtet, wer all die Menschen, die Kinder und ihre Eltern sieht, fragt sich unweigerlich, wie so etwas in Europa möglich sein kann. Dies ist nicht der Jemen, dies ist nicht Nordsyrien, ist nicht der Südsudan. Die dortigen Flüchtlingslager sind keinen Deut besser oder erträglicher. Aber sie erscheinen, so zynisch das klingen mag, mit europäischen Augen betrachtet, doch halbwegs normal. Längst aber hat diese bisher nur anderen Erdteilen zugeschriebene Normalität auch Europa ergriffen, hat sich ausgebreitet am Rande der EU, am Rande einer Insel. Schon viele sind gekommen, um darüber zu berichten; um Fotos zu schießen, Reportagen zu schreiben, Filme zu drehen. Kaum ein Superlativ wurde dabei ausgelassen. Kaum ein Adjektiv, das der Beschreibung ›unhaltbarer‹, ›unzumutbarer‹, ›unmenschlicher‹, ›menschenunwürdiger‹, ›katastrophaler‹ Zustände dient, wurde nicht bemüht. Doch es scheint mit ihnen zu sein wie mit dem Staub über dem Camp: Sie steigen auf, liegen für einen Moment lang gut sichtbar in der Luft, erschweren die Sicht, brennen in den Augen, sorgen für etwas trockene Pelzigkeit auf der Zunge. Dann verschwinden sie wieder, um sich in höhere Himmelssphären zu verziehen.

UNVERANTWORTLICHKEITEN

Auf Lesbos kommen auf einen Menschen mehr als hundert Olivenbäume. Die Insel ist fast doppelt so groß wie die größte deutsche Insel, Rügen. Aber während auf Rügen der Tourismus die Haupteinnahmequelle bildet (in manchen Jahren rangiert sie gar als beliebteste deutsche Urlaubsinsel), lebt man auf Lesbos vor allem von Olivenöl. Über fünfzig Ölmühlen gibt es für die Herstellung, und wer in Panagioúda im Café sitzt und nicht auf die rechte Seite der Bucht zum Lager hin schaut, sondern sich nach links wendet, erblickt ein großes zerfallenes Gebäude: Es ist eine alte Olivenpresse. Neben den Mühlen bilden Destillerien das zweite Standbein der lokalen Wirtschaft. Aus ihnen stammt die Hälfte der gesamten griechischen Ouzoproduktion; vielen gilt Lesbos' Ouzo als der beste. Dass er seit 2016 nur noch selten an Urlaubende ausgeschenkt wird, hat nichts mit mangelnder

Infrastruktur zu tun. Der internationale Flughafen der Insel, benannt nach dem griechischen Dichter und Literaturnobelpreisträger Odysseas Elytis, strahlt vor Modernität. Er gehört seit ein paar Jahren dem griechischen Ableger der deutschen Fraport; ein Ergebnis der im Ausland fast schon vergessenen ›Staatsschuldenkrise‹ von 2015. Die Passagierzahlen lagen im Jahr 2019 bei rund einer halben Million. Das sind genauso viele Menschen, wie allein 2015 mit Schlauchbooten auf der Insel landeten. Sie kamen sogar im Winter noch, vor Kälte starr, und wurden zur Registrierung ins Erstaufnahmelager von Moria gebracht. Achtzigtausend Menschen, so viele in etwa leben auf Lesbos, nahmen eine halbe Million in Empfang (in Deutschland waren es eine Million auf dreiundachtzig Millionen). Lesbos hat seitdem, wie andere griechische Inseln auch, weniger mit touristischen Hochglanzbroschüren als vielmehr mit dem schmuddeligen Image einer überforderten Insel zu tun. Im *Lonely Planet Greek Islands* immerhin ist die Welt noch in Ordnung. Dort heißt es, Lesbos sei »Greece's third-largest island (and one of the best organised)«.

Das neue Camp von Kara Tepe ist ein Paradox: Es sollte nicht existieren und existiert doch. Der Bürgermeister von Mytilene hatte die Wahl gewonnen mit dem Versprechen, das Lager von Moria zu schließen. Der Brand hat seine Vision, wenn auch ganz anders als geplant, für kurze Zeit wahr gemacht, aber eben nur für kurze Zeit. Nun ist in noch geringerer Entfernung zur Inselhauptstadt jene Zeltstadt entstanden, die sich kaum ausblenden lässt, so exponiert liegt sie am Meer. »Die Lage ist eine Katastrophe«, raunt eine Helferin mir zu. Bei Sonne werde es schnell zu heiß. Bei kaltem Meereswind kühle es rasch aus, und der steinige Untergrund sei kaum dafür gemacht, um Regenwasser in ausreichendem Maße aufzunehmen. Ihre Prophezeiung hat sich, schneller, als ihr lieb sein kann, erfüllt. Am 11. Oktober sehe ich, bereits zurück in Deutschland, Bilder von Lesbos in den Nachrichten (erneut gibt es sie, die kurze Aufmerksamkeit), darin überschwemmte UNHCR-Zelte. Sie belegen, was mir mein Kontakt vor Ort am Telefon erzählt hatte: Der erste Regen sei gekommen und habe, wie von den meisten befürchtet, die am tiefsten gelegenen Teile des Camps überflutet. Ich stelle mir vor, wie die Füße der Menschen, viele davon in zerschlissenen Gummisandalen, jetzt durch den Matsch waten und, bevor sie ein Zelt betreten, notdürftig gereinigt werden mit einem Schwapp Wasser aus einer Flasche.

Die Wasserversorgung ist überhaupt ein Problem: An verschiedenen Stellen des Camps sind sogenannte *bladder tanks* errichtet, große fünf- oder auch zwanzigtausend Liter fassende Wasserblasen, die regelmäßig neu befüllt werden. Das gechlorte Wasser fließt durch einen Schlauch zu einem Metallgestell mit fünf, sechs Wasserhähnen. Diese Tanks sind alles, was es Anfang Oktober an fließendem Wasser gibt. Ein Mann befüllt einige Flaschen, geht zu seinem Zelt, zieht sich bis auf die Unterhose aus und beginnt, sich inmitten der anderen Zelte einzuseifen und zu waschen. Es findet sich also auch in einer solchen Situation irgendwie eine Lösung, denke ich, während ich ihn beobachte. Erst am Abend im Gespräch mit einer Helferin merke ich, wie begrenzt mein Blick gewesen ist. Für die Männer, sagt sie, mag die Körperpflege zwischen den Zelten, jedenfalls als Notlösung, solange keine andere Waschgelegenheit vorhanden ist, in Ordnung sein. Wo aber sollen sich die Frauen reinigen? Sollen sie sich etwa auch bis auf die Unterhose ausziehen und sich, zahlreichen männlichen Blicken ausgesetzt, zwischen den Zelten waschen? Einen Tag später spricht mich eine alte Frau an; es ist weniger ein Ansprechen als vielmehr ein hilfloses, wimmerndes Gestikulieren. »Bathroom, bathroom«, sagt sie und zeigt auf ein winziges, zerfallenes Steinhäuschen, vielleicht ein Wachposten des ehemaligen Militärgeländes. Die Fensteröffnungen (Scheiben und Rahmen befinden sich nicht mehr darin) sind mit Planen verhängt. Dahinter, es lässt sich nur erahnen, wäscht sich gerade eine Frau, wenn man angesichts der Einfachheit und des Drecks überhaupt noch von ›Waschen‹ sprechen mag. Das Errichten von Duschgelegenheiten scheint jedenfalls keinen Vorrang zu haben. Dafür steht an der Seite, wo das Camp nicht vom Meer begrenzt wird, schon wenige Tage nach Eröffnung ein hoher Maschendrahtzaun. Die Füße der Stangen sind ordentlich in Beton gefasst. Gleiches gilt für einen Fahnenmast am Hang des Hügels. Zwei Stangen, ebenfalls gut durch Beton gefestigt, ragen in die Höhe. Daran die weißblaue Flagge Griechenlands sowie die des Roten Kreuzes.

Es ist schwer, hinter die Gründe für die Zustände zu kommen, erst recht von der Warte eines unbedarften Betrachters aus. Aber es gibt doch eine überraschende Erkenntnis: Es herrscht hier auf Lesbos, nach jener kurzen Explosion der Aufmerksamkeit im Anschluss an den Brand, nicht unbedingt ein Mangel an Material. Ich betrete Lagerhäuser, die gut gefüllt sind mit Hygieneartikeln, Zelten und Decken. Die österreichische Regierung hat unter anderem zweihundert Zeltheizungen, vierhundert Zeltbeleuchtungen und fast dreitausend aufblasbare Matratzen nach Athen geflogen. Der Innenminister höchstpersönlich hat die Güter in einer russischen Transportmaschine begleitet. Aber dort liegen sie nun, all die schönen Sachen. Die Matratzen sind in diesem Moment kein Ersatz für die dünnen blauen Isoliermatten, auf denen die meisten Menschen im Camp schlafen. Sie sind fürs Erste vor allem ein Ruhebett für das europäische schlechte Gewissen. Auch anderen Lieferungen ergeht es wie der österreichischen, und zwar aus einem einfachen Grund: Keine von ihnen verteilt sich von allein. Ähnlich ist es auch mit dem Geld, das durchaus in hohen Beträgen auf den Konten der Hilfsorganisationen eingeht, auch von großen deutschen Unternehmen. Doch die schöne Vorstellung, ein Millionenregen könne ein elendes Zeltlager von einem Tag auf den anderen in einen Ort verwandeln, an dem es sich zumindest eine Zeit lang aushalten lässt, sie ist ein Traum, der sich in Deutschland, fernab des Geschehens, recht gut träumen lässt.

Ich gebe zu, auch ich habe ihn so lange geträumt, bis ich auf dem harten Boden der Realität von Kara Tepe angekommen bin.

Wenigstens in den ersten Wochen nach Eröffnung des neuen Lagers ist eine gewisse Hilflosigkeit der Hilfsorganisationen auszumachen. Doch sind, soweit ich in der Lage bin, es zu erfassen, nicht sie allein daran Schuld. Man könne, so erklärt mir ein Mitarbeiter einer großen, weltweit tätigen NGO, eben nicht einfach einer Kolonialmacht gleich in ein Land einmarschieren, um mal eben sanitäre Anlagen zu errichten. (Der Vergleich mit Kolonialmächten erscheint einleuchtend und birgt doch zugleich eine bittere Ironie: Denn es sind ja in der Tat die ehemaligen Kolonialmächte, die hier vertreten sind, und sie leisten vor allem Hilfe für diejenigen, die noch immer unter den Folgen der Kolonialisierung zu leiden haben). Es gebe Gesetze, an die auch Hilfsorganisationen sich zu halten hätten. Und wenn die örtlichen Behörden und die Regierung eines Landes, wie im Falle von

Kara Tepe, noch unentschieden seien, ob ein Lager ein dauerhaftes oder nur ein vorübergehendes sein solle, dann könne, Material, Geld und Personal hin oder her, auch über den Bau von Duschen nicht ohne Weiteres entschieden werden. Deshalb seien eine der Hauptaktivitäten derzeit Meetings: Meetings zum Beraten darüber, wer überhaupt beraten wolle und könne; Meetings darüber, was beraten werden müsse; Meetings darüber, wann ein neues Meeting einberufen werden solle. Und während dies geschieht, vergehen die Tage und Wochen, und die alte Frau mit ihrem Kopftuch und ihren eingefallenen Augen steht noch immer da, weist mit ihrem Finger auf das zerfallene Steinhäuschen, und sagt »bathroom, bathroom«. Ich stehe vor ihr, schaue sie an, nicke, überlege, wie ich ihr in einer Sprache, die ich nicht spreche, all die logistischen, politischen, diplomatischen Schwierigkeiten begreiflich machen kann, die dazu führen, dass sie, seit Wochen vermutlich, keine den Namen verdienende Waschgelegenheit hat. Es laufen doch hier so viele Menschen von Hilfsorganisationen herum, mag sie denken. Wozu sind all diese Menschen hier, Mister, wenn wir immer noch keine einzige Dusche haben? Ich bin unfähig, auf sie einzugehen, und nicke nur zum Kommentar meiner Begleitung: »It's terrible. Yes, it's terrible.«

Nicht weit von uns entfernt steht eine Gruppe Twentysomethings. Sie sind sonnengebräunt und gut gelaunt. Lägen nicht unmittelbar in ihrer Nähe Tausende Menschen lethargisch in Zelten, sie wären, so wie ich selbst, einfach nur junge Leute aus den hippen, urbanen Zentren dieser Welt im Spätsommer am Mittelmeer. Einige von ihnen setzen sich in Bewegung, hängen sich Jutebeutel über die Schultern. Sie tragen weiße T-Shirts mit der Aufschrift *Full of hope*, laufen von Zelt zu Zelt, grüßen freundlich, ziehen Stifte oder andere Mitbringsel aus ihren Beuteln, versuchen sich vor allem in Aufmunterung der Kinder, denn diese bringt man hier noch am ehesten zum Lachen. Die Motive dieser kosmopolitischen Truppen sind mindestens so edel wie die von spendenden Unternehmen: Sie wollen nicht untätig dem Elend anderer Menschen zusehen. Womöglich sind ihre Ziele sogar noch hehrer. Mit einer Geldspende ist es für sie nicht getan. Sie wollen direkte Hilfe leisten, vor Ort mit anpacken, nicht nur mit Geld, sondern mit den eigenen Händen etwas bewegen. Es gibt hier durchaus einige Menschen, die sich sehr spontan auf den Weg gemacht haben. Ich höre die Geschichte eines Mannes, der kurzerhand eine Radtour zum Nordkap abgebrochen und einen Flieger nach Lesbos bestiegen hat. Ich sehe eine Gruppe Malteser im Hotel beim Frühstück sitzen. Mit einem Kleintransporter voller Schutzmasken und Medikamente aus Deutschland sind sie über den Balkan bis nach Griechenland gefahren und beklagen, dass ihnen der Zugang zum Camp verwehrt wird. Sie fragen, an wen man sich noch wenden könne, um Zugang zum Lager zu finden, und machen damit eine Erfahrung, die andere vor ihnen auch schon gemacht haben: dass es, zumindest auf der Ebene der Hilfsorganisationen, so etwas wie eine übergeordnete Instanz hier nicht gibt, eine Stelle, die, wenn nicht für alles zuständig, so zumindest doch koordinierend verantwortlich wäre. Stattdessen blickt man auf ein Gemenge großer und kleiner Organisationen, darunter die bekannten Namen, aber eben auch solche, die sich erst vor wenigen Jahren auf den griechischen Inseln gegründet haben. Sie alle bringen verschiedene Voraussetzungen und Befugnisse mit, unterschiedlich viel Erfahrung, Geld und Personal. Sogar die Beweggründe ihrer Hilfe mögen stark differieren: Gegen eine junge NGO gibt es den Vorwurf, sie bevorteile, etwa bei der Hilfe mit Behörden und Asylverfahren, diejenigen Menschen im Lager, die sich gegenüber dem christlichen Glauben besonders aufgeschlossen gäben. Selbst wenn die Vorwürfe nicht stimmen sollten, ganz unwahrscheinlich ist derlei nicht. Als Navid Kermani 2015 auf der Balkanroute unterwegs war, beobachtete er mehr als einmal, wie Missionsbroschüren verteilt wurden.[4] Die Helfenden also, die vermeintlich alle auf einer Seite stehen, die alle am selben Strang ziehen müssten, lassen sich nicht über einen Kamm scheren. Und doch sind sie alle in einer ähnlichen Lage: Sie sind auf der einen Seite der Politik unterstellt (den lokalen Behörden, der griechischen Regierung, der EU). Auf der anderen Seite ist ihre Arbeit selbst ein Politikum. Sie schafft gewissermaßen politische Fakten, und sei es nur durch das Einschlagen eines Zelttherings aus Gründen der Humanität. Dabei stecken sie, den Heringen gleich, im Sinne einer englischen Redewendung, selbst ›between a rock and a hard place‹. Tun sie nichts, herrschen wieder Zustände wie kurz nach dem Brand. Tun sie etwas, müssen sie sich fragen lassen, weshalb sie nicht noch mehr tun oder längst getan haben.

Während ich durchs Camp fahre, überlege ich, ob jene Hilflosigkeit, die ich anderen attestiere, nicht eigentlich eine Projektion der eigenen Hilflosigkeit ist. Denn wie viele Gespräche zu Hause sind in den letzten Monaten und Jahren nicht einem unbewussten Protokoll gefolgt wie bei einem einstudierten rhetorischen Ballett?

Das Entree bildet dabei stets die Bestürzung über die Zustände, automatisch gefolgt von einem Kopfschütteln, dass sich ja doch nichts bessere. Aber ganz gleich, wie der Mittelteil aussieht, ganz gleich, wie viele Tanzende auftreten und sich beteiligen, das Ende des Stücks kann mit Sicherheit vorausgesagt werden: Es besteht in einem Schulterzucken und der Feststellung, es seien einem doch die Hände gebunden. Ja, was könne man denn, abgesehen vom Setzen eines Kreuzchens auf einem Wahlzettel oder dem Unterschreiben eines Aufrufs, schon tun? Ja, was wolle man denn schon machen? Es ist ein psychologisch irgendwie notwendiger Ausgang dieses Balletts: Man hat schließlich einen Alltag zu bestreiten, hat einkaufen zu gehen, zu putzen, zu waschen und eventuell Kinder zu versorgen. Wie soll es da möglich sein, auch noch etwas Grundsätzliches an der Lage Tausender Menschen an den Rändern der EU zu ändern? Zumal: Es ist doch nicht nur ein Zeitproblem, es ist doch eigentlich und vor allem eine Frage des Könnens. Was kann ein einzelnes Rädchen im

Weltgetriebe schon bewirken? Wo, bitte schön, ist der archimedische Punkt, an dem sich der Hebel der Veränderung ein für allemal ansetzen ließe?

Vor bald fünfzig Jahren stellte der amerikanische Mathematiker und Meteorologe Edward N. Lorenz in einem Vortrag vor der American Association for the Advancement of Science die Frage, ob der Flügelschlag eines Schmetterlings in Brasilien einen Wirbelsturm in Texas auslösen könne. Hintergrund seiner Frage war die Beobachtung, dass in bestimmten Systemen beziehungsweise Modellen (Lorenz interessierte sich vor allem für Modelle zur Wettervorhersage) ein kleiner Unterschied am Anfang zu einem großen Unterschied im Endzustand des Systems führt. Dieser Effekt wurde durch Lorenz' Frage unter dem Namen ›Schmetterlingseffekt‹ populär. Er ist aus dem Alltag wohlvertraut: Eine Wetterprognose für den morgigen Tag ist einigermaßen zuverlässig möglich; für einen Tag in vier Wochen ist sie so gut wie unmöglich.

Die Parameter jenes Modells, auf das sich die Vorhersage stützt, lassen sich schlicht nicht ausreichend genug eingrenzen. Schon eine kleine Abweichung kann die Prognose komplett anders ausfallen lassen. Ich müsste lügen, wollte ich behaupten, die mathematischen Details des Effekts auch nur annähernd zu verstehen. Ich interessiere mich, außer vor Bergwanderungen und Strandurlauben, auch nicht sonderlich für Meteorologie. Aber während der Zeit meines Zivildienstes, während ich also über dreitausend Silbermünzen gebeugt saß, begann ich, einer etwas speziellen Version des Schmetterlingseffektes anzuhängen. Ich besaß einen jugendlichen Weltveränderungswillen, nein, nicht nur einen Willen, sondern die feste Überzeugung, dass die Welt sich verändern ließe. Und wann immer jemand kam, um mir diese Überzeugung streitig zu machen, um zu erklären, dass doch noch nie ein Mensch allein etwas bewirkt habe, entgegnete ich trotzig, es gehe auch nicht um mich als einzelnen Menschen, sondern um mich als Angehörigen einer Gruppe, die wohl oder übel ein

Leben auf Kosten anderer lebe. Wenn ich daraufhin ein Stirnrunzeln erntete, oder auch ein herablassendes Schmunzeln, wies ich auf die Tür des elterlichen Kühlschranks, an dem ich mich damals noch bediente, und verkaufte sie als Beispiel für einen Ausweg. Was immer wir äßen, sagte ich, was immer wir überhaupt konsumierten, nicht nur an Nahrung, sondern auch an Kleidung, Alltagsgegenständen, Rohstoffen, werde irgendwo und irgendwie auf dieser Welt hergestellt. Und die Bedingungen der Herstellung seien nicht nur eine Frage der Produktion, sondern auch des Konsums. Wenn ich beispielsweise für ein halbes Kilo Kaffeebohnen fünfzehn anstatt fünf Euro bezahlen würde, käme das denjenigen, die diese Bohnen anbauten, zugute. Mit anderen Worten: Wie der Flügelschlag eines Schmetterlings in Brasilien einen Wirbelsturm in Texas auslösen könne, könne das Trinken einer Tasse Kaffee in Deutschland Wohlstand in Guatemala ermöglichen. Mir sei klar, dass sich durch Änderungen des Konsumverhaltens allein noch kein Krieg, der Menschen zur Flucht zwingt, verhindern ließe. Dass ich als Einzelner keine Armut, die Menschen in wohlhabendere Gegenden ziehen lässt, beseitigen könne. Aber ich setzte auf die Masse der Konsumierenden, zu denen ich gehörte, und sagte mir, dass meine und ihre Lebensweise die Lebensbedingungen anderer beeinflusst. Die Ursachen, die Menschen zum Verlassen ihrer Heimat zwängen, seien, nicht in Gänze, wohl aber in Teilen, auch von mir gemacht. Allerdings ahnte ich damals nicht, dass in den Konsequenzen, die ich für meine Handlungen aus dieser Überzeugung zog, in jenem bewussten, moralischen Konsum, zugleich ein Problem lag.

Im Jahr 2017 veröffentlichte die US-amerikanische Sozialwissenschaftlerin Elizabeth Currid-Halkett ein Buch mit dem Titel *The Sum of Small Things.*[5] Sie analysiert darin die Entstehung und Gepflogenheiten einer sozialen Klasse, die sie als *aspirational class* bezeichnet. Dabei handelt es sich nicht nur um Besserverdienende. Eine gut verdienende Ärztin gehört genauso dazu wie ein moderat verdienender Romanautor. Zu Angehörigen der *aspirational class* macht die beiden etwas anderes. Es handelt sich bei ihnen um Menschen, die erstreben (engl. ›aspire‹), durch besseren Konsum bessere Menschen zu sein. Sie kaufen fair gehandelten Tee, biologisch angebaute Tomaten, Eier von Zweinutzungshühnern. Sie reflektieren den Einfluss der eigenen Lebensweise auf die Lebensbedingungen anderer. Sie machen sich Gedanken über den Zustand dieser Welt und haben den Anspruch, etwas zu verändern. Was, so ließe sich fragen, sollte daran falsch sein? Geht es nicht gerade darum, das Übel bei der Wurzel zu packen? Geht es nicht darum, ein Lager wie das auf Lesbos nicht einfach nur mit Entsetzen und Ratlosigkeit zu betrachten, sondern nach der eigenen Verantwortlichkeit für die (zugegeben vielfältigen) Ursachen von Flucht, Vertreibung, Migration zu fragen? Geht es nicht darum, was man auch im ganz alltäglichen Leben für das Leben anderer tun kann? Ja, würde Elizabeth Currid-Halkett vermutlich antworten, darum mag es gehen. Und in dieser Art des bewussten, moralisch orientierten Konsums selbst liegt aus ihrer Sicht auch noch kein Problem. Es liegt vielmehr darin, dass dieser Konsum zu einem ›Geltungskonsum‹ geworden ist, zu einem Lifestyle. Dass er, wie viele andere Arten des Konsumierens, als Ausweis des eigenen sozialen Status dient; dass er zu einem Naserümpfen über andere führt, die anders konsumieren, zu einem, wie man sagen könnte, moralischen Überlegenheitsdünkel. Und so verwundert es nicht, dass die *aspirational class* eine ist, die einen hohen Wert auf Bildungsabschlüsse legt. Allerdings tut sie dies in einem System, in dem Bildungserfolg maßgeblich von sozialer Herkunft abhängt. Und diejenigen, die, anders als die Mitglieder der *aspirational class*, in diesem System nur geringe Chancen haben, sind nicht selten zugleich diejenigen, die mit Hass und Verachtung auf ein Lager wie Kara Tepe sehen. Denn dort, so stellt es sich ihnen dar, warten nicht einfach nur bedürftige Leute auf Hilfe. Dort warten Menschen, die, wenn sie in Europa bleiben, in vielen Fällen mit ihnen um billigen

Wohnraum und (nicht selten prekäre) Arbeitsverhältnisse konkurrieren. So tragen Menschen wie ich, die statistisch gesehen oft in den urbanen Zentren dieser Welt leben, die sich weltoffen geben und polyglott, durch ihren Lebensstil zwar vielleicht dazu bei, dass sich die Lebensbedingungen anderswo ein klein wenig verbessern. Sie bewirken aber zugleich, dass sich die sozialen Gräben vor der eigenen Haustür vertiefen. So endet die Suche nach einer Lösung des Problems globaler Ungleichheiten da, wo sie begann: beim Gefühl der Resignation, der Ohnmacht, des Nichts-Tun-Könnens.

Im vierten Jahrhundert vor Christus wirkte der Philosoph Platon in Athen. Er ist neben seinem Schüler Aristoteles bis heute einer der bekanntesten Denker der griechischen Antike. Berühmt wurde er durch seine zahlreichen Dialoge, in denen er Sokrates, von dem keine eigenen Schriften überliefert sind, auftreten lässt. Es geht in ihnen um eine Vielzahl von Themen: um das Wesen der Liebe oder der Frömmigkeit genauso wie um die Definition der Gerechtigkeit. Vor allem die frühen Dialoge enden bei aller inhaltlicher Vielfalt auf die gleiche Weise: Anstatt eine Antwort auf eine Frage oder eine Lösung für ein Problem zu liefern, die alle am Gespräch Teilnehmenden zufriedenstellt, enden sie in der sogenannten ›Aporie‹, in der Ausweglosigkeit. Sie schließen mit der Feststellung, dass die Situation doch letztlich viel schwieriger ist als anfangs gedacht. Sie enden damit genauso, wie viele abendliche Gesprächsrunden bei einem Glas Wein noch heute enden. Mit den Worten nämlich: »Die Sache ist komplex.« Die Komplexität der Welt an sich aber ist zunächst einmal gar kein Problem. Sie ist schlicht ein Fakt. Sie ist ein Umstand, den es anzuerkennen gilt. Nur wird aus dem Hinweis auf Komplexitäten gerne eine Entschuldigung gemacht: eine Entschuldigung für Nichthandeln. Denn bevor man sich in einfachen, der komplexen Situation womöglich nicht angemessenen Lösungen versucht, versucht man sich lieber in gar keiner. Dieses Verhalten ist jedoch vom ursprünglichen Ansatz Platons weit entfernt. Anstatt vor Komplexitäten zu kapitulieren, hat er (wie später auch Aristoteles) die Aporetik zur Methode erhoben. Eine vermeintliche Ausweglosigkeit war für ihn kein Grund, die Suche nach einem Weg aufzugeben. Sie war im Gegenteil vielmehr Ansporn, über die zu behandelnde Thematik noch einmal ganz neu und anders nachzudenken.

FIKTIONEN

Jeden Abend läuft aus dem Hafen von Mytilene ein Schiff der griechischen Küstenwache aus. Es ist dunkelgrau und mit großen Suchscheinwerfern ausgestattet. Es lässt schon bald die Bars, Restaurants und Hotels an der Hafenpromenade hinter sich und hält auf die Mitte des dunklen Gewässers zu, das zwischen Lesbos und der türkischen Küste liegt. Es verkehrt genau dort, wo in antiken Mythen der schöne Phaon seine Fähre lenkte. Doch anders als er, der Menschen zwischen Lesbos und Kleinasien transportierte, patrouilliert die Küstenwache, um derlei Transporte zu entdecken und in vielen Fällen zu verhindern. Einem voll besetzten Schlauchboot wird dann der Außenbordmotor zerstört.[6] Derlei Aktionen zum Zurückdrängen von Personen ohne Aufenthaltstitel für das nächstgelegene Grenzland, ganz gleich, ob es sich um Alte oder Kranke, Erwachsene oder

Kinder handelt, heißen ›Push-backs‹. Die Praxis war in Europa lange Zeit umstritten, inzwischen ist sie gängig. Am 13. Februar 2020 revidierte der Europäische Gerichtshof für Menschenrechte in Straßburg sogar ein eigenes Urteil von 2017. Er erklärte im Falle zweier Männer, die 2014 über den Grenzzaun der spanischen Enklave Melilla geklettert waren, Push-back-Aktionen seien unter bestimmten Umständen erlaubt; etwa dann, wenn von legalen Möglichkeiten der Einreise kein Gebrauch gemacht wurde. Inwiefern es diese Möglichkeiten überhaupt gibt, eruiert das Urteil nicht.

Von Lesbos' Ost- und Nordküste aus ist die Türkei gut zu sehen. Tagsüber flimmern die dortigen Häuser als weiße Punkte in der Sonne. Nachts blinken sie als gelbe Lichter in der Ferne. Die Landesgrenze aber, die zwischen den Küsten mitten durchs Meer verläuft, sie ist nicht zu sehen. Sie existiert lediglich als Linie auf Karten. Sie ist – wie alle Grenzen – zwar Teil einer sozial konstruierten Realität, aber als solche auch eine

Fiktion. Gewiss, es gibt Grenzen, die nicht von Menschen erschaffen wurden: die Bergkette der Anden etwa, die, zum Beispiel in Peru, die trockene Küstenwüste vom tropisch-feuchten Regenwald trennt. Auch ein Gewässer kann eine natürliche Grenze sein: Im Jahr 1856 setzt der britische Naturforscher Alfred Russel Wallace von Bali nach Lombok über. Seine Überfahrt erfolgt eher unfreiwillig; eigentlich hatte er schon von Singapur aus direkt nach Celebes (dem heutigen Sulawesi) reisen wollen. Doch das Schiff dorthin legt just in dem Moment ab, als er in Singapur eintrifft. Auch drei Monate später ist noch keine direkte Passage in Sicht. Und so macht er sich mit etlichen Zwischenstopps auf den Weg. Dass ebendiese unfreiwillige Reise ihn zu einer seiner wichtigsten Entdeckungen führen wird, ahnt er in diesem Moment noch nicht. Auf Lombok nämlich, keine fünfundzwanzig Kilometer von Bali entfernt, trifft er plötzlich auf eine Tierwelt, mit der er nicht gerechnet hat. Er sieht Kakadus, Honigsauger und Großfußhühner. Trotz der geringen Entfernung waren sie ihm auf Bali nicht begegnet. Es ist zunächst nur ein Anfangsverdacht, der sich jedoch nach und nach erhärtet: dass zwischen den Inseln des Malaiischen Archipels eine Trennlinie der Arten verläuft, die die asiatische von der australischen Fauna trennt. Sie entstand, so die heutige Theorie, weil die Inseln jener Region erdgeschichtlich weder mit dem asiatischen noch mit dem australischen Festland verbunden waren. Nur über einige ursprüngliche Landbrücken und den Ozean hinweg konnten sie besiedelt werden. Die Wallace-Linie, wie sie seit 1868 heißt, ist also ein Resultat geologischer Kräfte. Die Grenze zwischen Griechenland und der Türkei hingegen ist das Resultat menschlicher Macht.

Auf dem Weg von Mytilene zum Lager steht auf einer Anhöhe kurz vor dem Ausgang der Stadt eine Ruine. Es handelt sich um eine alte Burg. Die Reste ihrer Mauern leuchten mal rötlich, mal grau vor dem Blau des Himmels. Erbaut wurde sie wohl im sechsten Jahrhundert nach Christus unter dem römischen Kaiser Justinian.

Er regierte in einer Phase des Übergangs: Aus dem so mächtigen Imperium der römischen Antike entstand zu jener Zeit das Byzantinische Reich des Mittelalters. Die Hauptstadt dieses Reiches hieß Konstantinopel (das heutige Istanbul). Diese Bindung an den Osten sollte sich, wenn auch mit Unterbrechungen, durch die folgenden Jahrhunderte ziehen. Von 1462 an gehörte Lesbos zum Osmanischen Reich. Noch heute wird in jedem Reiseführer die Stadt Molyvos im Norden der Insel besonders wegen ihrer traditionellen türkischen Häuser als Ausflugsziel empfohlen. Zwischen Lesbos und dem Festland floss damals wie heute das Mittelmeerwasser. Doch wenn Boote den Hafen von Ayvalik oder nahe Assos verließen, näherten sie sich, anders als heute, keiner nationalen Grenze. Sie mussten nicht fürchten, von einer Patrouille der Küstenwache aufgegriffen und zurückgeschoben zu werden. Mit Blick auf die Geografie erscheint es logisch: Der Peloponnes ist deutlich weiter entfernt als die damals wie heute türkische Küste. Doch wurde Lesbos 1912 im Zuge der Balkankriege von Griechenland erobert. Seitdem verläuft eine Grenze durch das Meer zwischen ihren Ufern und denen der Türkei. Sie hat das Meer nicht breiter werden lassen. Sie hat die Küsten nicht auseinandergerückt. Trotzdem trennt sie Welten. Nur geht diese Weltentrennung nicht auf Naturgewalten zurück. Sie ist die Folge des Handelns von Menschen – von Menschen, die eine Grenze gezogen haben, weil sie eine Grenze ziehen wollten.

Während meines Studiums in England sang ich im College-Chor. Kurz vor Beginn der Weihnachtsferien unternahmen wir eine Konzertreise nach Venedig. Wir begleiteten eine Messe im Markusdom und hatten einen Auftritt in der Kirche von San Giorgio Maggiore. An einem der auftrittsfreien Abende stieß ich, mehr oder weniger zufällig, mit einigen Chormitgliedern auf ein kleines Filmfestival. Es widmete sich den Geschichten flüchtender Menschen. An die Einzelheiten erinnere ich mich nicht mehr. Woran ich mich jedoch erinnere, ist das Gespräch, das wir im Anschluss in einer Bar einer venezianischen Seitengasse führten. Alle waren noch ein wenig benommen von den Bildern aus Flüchtlingslagern. Wir schwiegen. Bis jemand sagte, wenn keine Grenzen existierten, gäbe es diese Bilder nicht. Ein Kommilitone, er studierte irgendetwas mit Internationaler Politik, und ich hielt ihn für einen, dem ich in einer Diskussion wie dieser nicht das Wasser reichen könnte, lächelte, wie manche Eltern die Feststellung ihres Kindes belächeln, dass der Himmel blau sei. Es brauche nun einmal Grenzen, sagte er. Wie sonst sollten wir etwa in der Lage sein, ein funktionierendes Sozialsystem aufrechtzuerhalten, wenn Einzahlungen in dieses System und Auszahlungen aus diesem System nicht durch gewisse nationale Zugehörigkeiten geregelt wären? Und auch abseits sozialer Hilfe: Wie solle denn politische Repräsentation geregelt werden, wenn nicht im Rahmen kleinerer Einheiten? Es müsse doch irgendwie definiert werden, wer wann wo und wie worüber abstimmen dürfe. Es könne schließlich kaum funktionieren, wenn eine Person, die in Devonshire wohne und für ein paar Monate in die Bretagne reise, sogleich über Gesetze abstimmen könne, die nur in der Bretagne gelten. Grenzen mögen ja historische Fiktionen sein, schloss er seine Rede, aber sie hätten auch Funktionen, die es zu beachten gelte. Seine Ausführungen ließen mich damals verstummen. Ich wusste ihnen nichts hinzuzufügen oder zu entgegnen. Es schien mir einleuchtend zu sein, dass sich schon allein eine politische Vertretung nicht in beliebig großem Rahmen organisieren ließe (und zu jener Zeit befanden sich die UNO und die EU zwar auch nicht in bester, aber doch in besserer Verfassung als heute). Nationalstaaten, so viel sah ich ein, waren doch einer jener legitimen Versuche, die Komplexität der Welt zu reduzieren. Sie sollten Übersicht und Ordnung schaffen, sollten bewahren vor Chaos und Unübersichtlichkeit. Sie sollten ein Gefühl von Zugehörigkeit ermöglichen und eine kooperative Einheit bilden, so wie es einst, vor rund hundertfünfzigtausend Jahren, als evolutionsbiologisch gesehen die modernen Menschen entstanden, kleine Stämme taten, innerhalb derer sich alle kannten. Das eigene Überleben, so beschreibt es der Entwicklungspsychologe Michael Tomasello in seiner *Natural History of Human Morality*, hing maßgeblich auch vom Überleben der Gruppe ab, in der man sich befand. Und Menschen sind im Vergleich zu vielen anderen Tieren nun einmal Wesen, die nicht nur in den ersten Jahren ihres Lebens, sondern auch darüber hinaus auf Unterstützung durch andere und auf Kooperation mit anderen angewiesen sind.[7] Die Bildung von Gruppen stellte, zumindest im Rahmen dieser Theorie, ein wichtiges Element für die Evolution der menschlichen Spezies dar. Denn Gruppen waren es (kleine zunächst nur, dann immer größere), in denen Richtlinien des Miteinanders entwickelt wurden. Sie bildeten, so ließe sich sagen, die Keimzellen der Moral. Ohne sie hätte Platon nicht die Frage nach dem Wesen der Gerechtigkeit stellen können, weil es einen Begriff wie den der Gerechtigkeit womöglich gar nicht gegeben hätte. Und ohne sie könnte heute vor keinem Gericht

Anklage erhoben werden, egal ob wegen Diebstahls oder fahrlässiger Tötung. Doch je größer die Gruppen wurden, desto unmöglicher wurde es, alle Mitglieder einer Gruppe zu kennen (die sogenannte ›Dunbar-Zahl‹ besagt, die Anzahl der Menschen, die ein einzelner Mensch kognitiv erfassen könne, liege bei rund einhundertfünfzig). Folglich mussten andere Formen jenseits persönlicher Bekanntschaft entwickelt werden, die den Umgang miteinander garantierten, die anzeigten, ob jemand die gleichen Normen teilte wie man selbst. Aus diesen Formen entwickelten sich schließlich Kulturen: Denn wenn jemand seinen Fisch mit Pfeil und Bogen fängt und nicht mit dem Netz, ist dies nicht nur eine Frage der Technik. Es ist ein Zeichen dafür, dass dieser Mensch zu einer Gruppe gehört, in der gemeinhin mit Pfeil und Bogen gefischt wird. Und wo mit Pfeil und Bogen gefischt wird, gelten diese und jene Werte. Nur ist die Welt von heute eine deutlich andere als die vor hundertfünfzigtausend Jahren: Neben einigen wenigen, die noch so wie damals mit Pfeil und Bogen fischen, fahren riesige Fangflotten auf den Meeren. (Es ist auch dies ein Beispiel für die Gleichzeitigkeit des Ungleichzeitigen.) Ein Fisch, der heute noch in Alaska schwimmt, kann prinzipiell schon übermorgen auf einem Teller in Berlin landen. Und die Nationen, die größtenteils erst im neunzehnten Jahrhundert entstanden, haben kaum mehr etwas mit den Gruppen gemein, die sich in den Anfängen der Menschheit aufgrund gemeinsamer kultureller Merkmale definierten. Die Bildung und Existenz von Nationen ist vielmehr ein Paradebeispiel dafür, dass die Grenzen, die eine Nation markieren, nicht notwendig (wenn überhaupt) die Grenzen geteilter kultureller Praktiken sind, schon gar nicht in einer globalisierten Welt. Einen Fisch in München mit Stäbchen zu essen, setzt nicht die japanische Staatsbürgerschaft voraus. Doch während kulturelle Gepflogenheiten Grenzen leichthin überwinden, während thailändische Küche in Oregon und deutsches Bier in Chile zu finden sind, während also Waren, Geldströme und Ideen weltweit über sie hinwegfließen, werden viele

Menschen, die diese Gepflogenheiten, Waren, Gelder und Ideen generieren, an den Grenzen aufgehalten.

Ach, wäre die Erde doch eine unendliche Scheibe! Dann gäbe es womöglich keine Grenzen und keine Lager wie die von Lesbos, Samos und Kos und wo sie sonst noch existieren. Die Erde hat aber eine Kugeloberfläche, auf der sich die Menschen »nicht ins Unendliche zerstreuen können«. So formulierte es Immanuel Kant 1795 in seiner Schrift *Zum ewigen Frieden.*[8] Und weil sie sich nicht zerstreuen können, so schreibt er weiter, müssen sie »endlich sich doch neben einander dulden«. Es gibt keine Möglichkeit, sich auszuweichen, sich aus dem Weg zu gehen. Zudem ist die Oberfläche der Erde grundsätzlich im Besitz aller. Natürlich hat es Menschen gegeben, die, aufgrund früherer Geburt, eher an einem Ort waren als andere. Aber ursprünglich, betont Kant, hat »niemand an einem Orte der Erde zu sein mehr Recht [...] als der andere«. (Er verurteilt in diesem Zusammenhang sogar ausdrücklich den Kolonialismus. Das ist insofern interessant, als Kant dieser Tage dem Vorwurf des Rassismus ausgesetzt ist. Dieser Vorwurf scheint, zumindest bezogen auf einen Teil seines Schaffens, berechtigt zu sein.) Aus diesen beiden Voraussetzungen – der Endlichkeit der Erdoberfläche und der Erde als Allgemeinbesitz – leitet Kant ein sogenanntes ›Weltbürgerrecht‹ ab. Menschen seien in der Regel nicht nur Angehörige eines bestimmten Staates, in dem sie bestimmte Rechte besitzen. Sie seien zugleich auch Angehörige der Welt insgesamt. Als solche genießen sie laut Kant ebenfalls ein Recht. Den Kern dieses Rechts bezeichnet er als »Hospitalität«, das heißt »das Recht eines Fremdlings, seiner Ankunft auf dem Boden eines andern wegen, von diesem nicht feindselig behandelt zu werden«.[9] Es ist, so Kant, jedoch nicht als »Gastrecht« misszuverstehen. Es gibt also aus seiner Sicht keinen rechtlichen Anspruch darauf, beliebig lange an einem Ort zu bleiben. Aber es gibt das Recht, zunächst einmal ohne Feindseligkeit empfangen zu werden.

Diese Überlegungen sind bis heute in der politischen Philosophie wirksam. Seyla Benhabib etwa unternimmt in ihrem Buch *Die Rechte der Anderen* den Versuch, einen »kosmopolitischen Föderalismus« daraus abzuleiten.[10] Eine weltweite Struktur also, die es ermöglicht, dass Menschen sich, weil sie Menschen sind und die Erde allen gehört, mindestens um Aufnahme in einem Staat bewerben können, ohne von vornherein kriminalisiert zu werden.

Die Wirklichkeit aber sieht anders aus: Sie ist so steinig wie der Boden von Kara Tepe, so stinkend wie die Mülltonnen, die dort stehen, so eng wie die Zelte, in denen die Menschen sich drängen. Sie ist schmutzig, und sie ist dreckig, diese Realität, und je länger man sie beobachtet, je länger man sich in ihr bewegt, desto schlechter kann man sich des Eindrucks erwehren, dass sie kein Zufall ist, keine Notlage, die bald behoben sein wird. Sie ist pure Absicht. Sie ist, wie die amerikanische Politikwissenschaftlerin Wendy Brown es genannt hat, Teil einer Inszenierung, die seit einigen Jahren in Europa, aber auch in anderen Teilen der Welt aufgeführt wird: einer Inszenierung von Kontrolle und Souveränität in einer Welt, die aufgrund der Globalisierung von nicht wenigen Menschen zunehmend als unkontrollierbar empfunden wird.[11] Hauptrequisit dieser Inszenierung stellen die Mauern und Zäune dar, die überall vermehrt gebaut werden: zwischen Indien und Bangladesch, um Bethlehem herum, zwischen den USA und Mexiko, zwischen Saudi-Arabien und Jemen, zwischen Ungarn und Serbien. Dabei sind sie im Grunde ein Paradox: Denn während für Waren und Dienstleistungen im Zeitalter der Globalisierung Zölle und andere Handelsschranken zunehmend abgebaut werden (von Ausnahmen der letzten Zeit einmal abgesehen), werden gegen Menschen Mauern und Zäune errichtet. Ihre Sprache ist eine andere als die der Freihandelsabkommen, die ungehinderten Warenverkehr versprechen. Anstatt für Offenheit stehen sie für Abschottung und sagen: Bleibt, wo ihr seid! Kommt nicht her! Bildet euch nicht ein, hier erwünscht oder überhaupt nur geduldet zu sein! Sie sind in diesem Sinne das Gegenteil von Kants Idee der Hospitalität. Sie sind ein Signal der Feindlichkeit und der Abwehr, und eine Insel wie Lesbos wird aufgrund ihrer geografischen Lage, aufgrund historischer Zufälle, plötzlich zu einem Außenposten der Festung Europa, an dem die ›wilden Horden‹ kampieren. Dass diese ›Horden‹ Menschen sind, Menschen, die, aus welchen Gründen auch immer, keine andere Möglichkeit gesehen haben, als auf diese Weise nach Europa zu gelangen, lässt sich leicht vergessen. Es lässt sich ebenso vergessen wie der Umstand, dass die Grenzen, an denen sie ausharren, keine natürlichen Grenzen sind. Sie sind Linien auf Karten. Auf dem Papier wirken sie harmlos. In der Meerenge zwischen Griechenland und der Türkei jedoch entfalten sie große Brutalität. Dabei könnten sie genauso gut wieder verschwinden. Sie könnten verschwinden, wie beispielsweise die innerdeutsche Grenze es 1990 getan hat. So lange sie aber existieren, sind sie für die einen, das heißt für diejenigen, die wie ich das Glück haben, einen deutschen Reisepass zu besitzen, einfach nur Grenzen, die teilweise unbemerkt und oftmals unbehelligt überquert werden. Für andere hingegen sind sie die Grenzen des Glücks.

ZUFÄLLIGKEITEN

Vor einem Zelt des UNHCR sitzen zwei junge Männer. Sie sind vielleicht Anfang zwanzig, ihre Augen sind klein vor Müdigkeit und Langeweile (oder bilde ich mir das nur ein, und in Wirklichkeit ist es die helle Sonne, die sie blinzeln lässt?). Ich bleibe stehen und frage, wie sie die neuen Zeltböden aus Paletten und Pressspanplatten finden. Liegt es sich darauf mit ihren Matten besser als auf dem Boden? Sie strecken den Daumen nach oben und nicken. (Schon in diesem Moment ist mir meine Frage unangenehm. Vor zwei Stunden habe ich mich aus einem weichen Hotelbett erhoben. Nun erkundige ich mich danach, wie es sich auf einer Holzplatte schläft. Es ist eine Asymmetrie, die sich nicht kleinreden lässt; sie ist uns dreien, während wir reden, bewusst und findet ihren Ausdruck in einer als Höflichkeit getarnten Form von Unsicherheit.) Aus Gambia kommen sie, so erfahre ich und zeige mich naiv erstaunt. Eine beschwerliche Reise durch den Senegal, durch Mali und Algerien bis nach Tunesien oder Libyen male ich mir aus, wobei von dort eigentlich keiner der üblichen Wege in die Türkei und weiter nach Lesbos führt. Sie schmunzeln ein wenig über meine Verwunderung, lachen fast, und erklären, sie seien in Gambia schlichtweg ins Flugzeug gestiegen und in die Türkei geflogen. Von der Türkei nämlich hätten sie ein Visum erhalten, im Gegensatz zur Europäischen Union. Es ist mir unangenehm, diese Möglichkeit gar nicht erwogen zu haben. Und es ist mir noch unangenehmer, als ich höre, dass sie gerne nach Berlin wollen, dort hätten sie Familie. Nach Berlin, denke ich, werde ich morgen fliegen. Ich werde einen Boarding Pass auf mein Smartphone laden; nicht einmal zweihundert Euro habe ich für das Ticket bezahlt, einen Bruchteil dessen also, was die beiden die Überfahrt nach Lesbos in einem überfüllten Schlauchboot kostete. Ich werde meinen Personalausweis zücken, der mich als Deutschen und somit als Bürger der EU ausweist. Niemand wird sich nach den Gründen meiner Reise erkundigen. Schon auf dem Hinweg wurde ich nirgends gefragt, was ich in Griechenland wolle. Lediglich ein Formular musste ich ausfüllen und darin versichern, keine Covid-19-Symptome zu haben. Der kritische Blick des Polizisten bei meiner Einreise galt allein dem QR-Code dieses Formulars, nicht aber den generellen Absichten für meine Einreise. Kein Wort musste ich verlieren darüber, weshalb ich käme und wie lange ich bliebe. Den beiden Männern hingegen bleibt einstweilen nur, zuzusehen, wie die Flugzeuge sich vom Flughafen der Insel aus in die Luft erheben. Sie müssen hoffen, bei einem der nächsten Festlandtransporte per Fähre nach Piräus dabei zu sein. Doch an ihrem trüben Blick lässt sich ablesen: ihre Hoffnung ist gering. Von ihrem etwas erhöhten Platz aus schauen sie über die Dächer der Zelte. Unter jedem einzelnen sitzen Menschen und hoffen. Doch ist nicht genug Hoffnung für alle da. Denn die Außengrenze der EU ist wie so viele Grenzen auf dieser Welt nicht bloß die Markierung eines Hoheitsgebiets. Sie ist zugleich auch ein Wall des Misstrauens, den es zu überwinden gilt.

Im Jahr 1754 schrieb die Akademie von Dijon eine Preisfrage aus. Ein Teil dieser Frage lautete: Was ist die Quelle der Ungleichheit unter den Menschen? An ihrer Beantwortung (immerhin war eine goldene Medaille ausgelobt) versuchte sich auch der Philosoph Jean-Jacques Rousseau. Mit seinem Versuch, die Medaille zu gewinnen, scheiterte er. Doch seine Antwort erschien 1755 unter dem Titel *Discours sur l'origine et les fondements de l'inégalité parmi les hommes* (zu Deutsch: *Abhandlung über den Ursprung und die Grundlagen der Ungleichheit unter den Menschen*). Sie gilt bis heute als einer der wichtigsten Texte der politischen und sozialen Philosophie. In der Einleitung unterscheidet Rousseau zwei Arten von Ungleichheit: eine natürliche (*naturelle*) oder körperliche (*physique*) und eine moralische (*morale*) oder politische (*politique*).[12] Die natürliche Ungleichheit, so schreibt Rousseau, ist dabei nicht diejenige, auf die es eigentlich ankommt. Gewiss, Menschen werden verschieden geboren: Die einen sind zart, die anderen proper, die einen groß, die anderen klein. Aber dies ist nicht die Ungleichheit, nach deren Quelle es sich zu fragen lohnt. Die Frage wäre doch allzu schnell beantwortet: Es ist eben die Natur, die die Menschen auf diese Weise ungleich macht. Stattdessen ist nach dem Ursprung der moralischen oder politischen Ungleichheit zu forschen, jener Ungleichheit also, die überhaupt erst in einem politischen Zustand entsteht. Wie und wann aber nahm dieser Zustand seinen Anfang? Für Rousseau gibt es darauf eine klare Antwort: »Der erste«, so schreibt er zu Beginn des zweiten Teils, »der ein Stück Land eingezäunt hatte und es sich einfallen ließ zu sagen: *dies ist mein* und der Leute fand, die einfältig genug waren, ihm zu glauben, war der wahre Begründer der bürgerlichen Gesellschaft«.[13] Kurz: Die Existenz der politischen Gemeinschaft fing an mit einer Grenzziehung. Sie begann mit der Errichtung eines Zauns. Rousseaus Haltung dazu ist eindeutig: »Wie viele Verbrechen, Kriege,

Morde«, schreibt er weiter, »wie viel Not und Elend und wie viele Schrecken hätte derjenige dem Menschengeschlecht erspart, der die Pfähle herausgerissen oder den Graben zugeschüttet und seinen Mitmenschen zugerufen hätte: ›Hütet euch, auf diesen Betrüger zu hören; ihr seid verloren, wenn ihr vergeßt, daß die Früchte allen gehören und die Erde niemandem.‹« Wie schon Kant verweist auch Rousseau auf die Erde als Allgemeingut. Aber stärker noch als jener hebt er auf die Zufälligkeit, womöglich sogar die Unsinnigkeit ab, mit der etwas in ›Mein‹ und ›Dein‹ eingeteilt wird. Und wenngleich die ersten Zäune zunächst nur einen Acker oder eine Viehweide begrenzten, wenngleich sie also zunächst nur private Grenzen zum Schutz von Eigentum waren, so galt auch für sie schon, was für die heutigen politischen Grenzen von Nationalstaaten gilt: Dass manche Menschen sie überschreiten dürfen und andere nicht. Die Gründe, die zum Überschreiten einer Staatsgrenze berechtigen, können ganz verschiedene sein. Ein klassischer ist die Staatsangehörigkeit (die ihrerseits, je nach Land, zum Beispiel per Geburt erworben wird). Als Deutscher werde ich nicht an der Einreise nach Deutschland gehindert, als EU-Bürger nicht an der Einreise nach Griechenland. Ein anderer Grund mag sein, dass eine Person ein Visum erhalten hat, etwa um sich in einem Land für eine Weile touristisch oder sogar zum Arbeiten aufzuhalten. Doch ein solches Visum zu erhalten, ist keine Selbstverständlichkeit. Die beiden Gambier, die vor dem Zelt sitzen, haben ebendiese Erfahrung gemacht: In die Türkei durften sie legal per Visum einreisen; in die EU, wohin sie eigentlich wollen, nicht. Sie bemühen sich daher um einen anderen Grund, der schließlich zum berechtigten Aufenthalt in der EU führen mag: Sie beantragen Asyl. Die Gründe, die ihrerseits für die Gewährung von Asyl vorliegen müssen, sind ebenfalls verschiedene. Das Asylrecht ist inzwischen ein dichtes Geflecht diverser Regeln und Konventionen. Doch bei aller Unterschiedlichkeit fragen all diese Regeln nach einer Berechtigung. Anders gesagt: Sie fragen danach, ob jemand es verdient hat, aufgenommen zu werden, oder nicht.

Wenn Menschen, die mich gut kennen, über meine Arbeit reden, fällt hin und wieder der Ausdruck ›diszipliniert‹. Es ist kein Wort, mit dem ich mich von Herzen identifiziere. Disziplin ist keine Tugend, in der ich mich unbedingt üben möchte. Aber ich verstehe, wie der Eindruck eines disziplinierten Arbeitens entstehen kann. Seit vielen Jahren spielt sich der Hauptteil meiner Arbeit allein am Schreibtisch ab. Es gibt niemanden, der mich zur Arbeit treibt, außer ich selbst. Entsprechend naheliegend ist es, die Ergebnisse dieser Arbeit als Früchte langen, mühsamen und geduldigen Säens zu sehen. Als Resultate, die ich mir redlich verdient habe. Als etwas, das ich mir ganz allein und hart erarbeitet habe. Aber stimmt das wirklich so? Schließlich ließe sich die Geschichte auch anders erzählen: In den Sommerferien vor der zwölften Klasse fuhr ich zu einer Schülerakademie in eine Klosterschule an der Unstrut. Der Rektor meiner eigenen Schule hatte mich gefragt, ob ich Interesse an einer Teilnahme hätte, und ohne nach den Gründen für seine Auswahl zu fragen, bejahte ich. Auf den Feldern vor dem Kloster stand die Sommerhitze. Drinnen, hinter dicken Mauern, beschäftigte ich mich an den Vormittagen mit den deutsch-polnischen Beziehungen. An den Nachmittagen paddelten wir auf dem Fluss, machten Musik oder verfolgten einfach nur den Zug der Wolken am Himmel. Ich ahnte nicht, welchen Einfluss diese Wochen auf meinen weiteren Weg haben würden. Zum Ende der Akademie erfuhr ich, dass man mich für ein Studienstipendium vorgeschlagen hatte. Wieder fragte ich nicht nach den Gründen der Auswahl, zumal ein Studium zu diesem Zeitpunkt noch in weiter Ferne lag. Doch als ich vier Jahre später zu studieren begann und mich bewarb, erhielt ich tatsächlich eine Förderung, die mich ein (fast) sorgenfreier Mensch sein ließ. Sie trug mich durch die Jahre meines Studiums, trug mich, nach erneuter Bewerbung, auch darüber hinaus, durch die Zeit meiner Doktorarbeit, und sie trug mich gewissermaßen sogar zur Schriftstellerei. Denn ohne die Muße, die ich mir vom Stipendiengeld kaufen konnte, wäre ich vielleicht nie auf literarische Ideen gekommen. Es war also nicht einfach nur diszipliniertes Arbeiten, das mich produktiv werden ließ. Es waren bestimmte Personen und gewisse Umstände, glückliche Fügungen, so ließe sich auch sagen, denen ich es verdanke, überhaupt auf diese Weise tätig sein zu können; Umstände und Personen, die noch viel weiter als nur bis zu jenem Sommer an der Unstrut zurückgeführt werden könnten: bis zu meinem Elternhaus etwa, das finanziell kein reiches war, aber dafür reich an Förderung kindlicher Neugierde, Talente und Bildung. Ich müsste also sagen: Was ich bin und was ich kann, habe ich mir nur in Teilen (wenn überhaupt) selbst verdient. Ich besaß schlicht das Glück, in eine solche Familie in einem wohlhabenden Land hineingeboren worden zu sein. Den eigenen Weg auf diese Weise zu beschreiben, mag unüblich sein: als einen Weg, den man zwar selbst gegangen ist, aber nur, weil man ihn durch die Hilfe anderer und den Zufall des Glücks überhaupt so gehen konnte. Es mag sogar etwas kokett wirken. Aber diese Art der Erzählung ist nötig, um zu reflektieren, was es überhaupt heißt, von einem Verdienst zu sprechen, ja, ob überhaupt jemals problemlos davon die Rede sein kann, jemand habe sich etwas verdient.

Wer eine kaputte Toilette hat, so schreibt der Philosoph Michael J. Sandel in seinem Buch *The Tyranny of Merit*, wird geneigt sein, eine kompetente Person für die Reparatur zu engagieren.[14] Es wird eine Person sein, die sich mit Toiletten auskennt und sie tatsächlich reparieren kann. Kompetenz zur Grundlage der Auswahl zu machen, erscheint auf den ersten Blick weder merkwürdig noch verwerflich. Es erscheint vielmehr angemessen und fair. Was nützt es, einen Menschen, der eine Toilette zwar zu benutzen, aber nicht zu reparieren weiß, für die Reparatur auszuwählen? Wäre es nicht sogar unfair gegenüber kompetenten Menschen, jemand Inkompetenten vorzuziehen? Ja, vermutlich wäre es das. Eine inkompetente Person, so könnte eingewendet werden, habe es nicht verdient, den Reparaturauftrag zu erhalten. Ähnliches wird auch gesagt, wenn es um weniger profane Dinge als kaputte Toiletten geht. Die Besetzung von Stellen, die Vergabe von Stipendien oder die Zuteilung von Studien- und Schulplätzen, sie geschehen in der Regel nach dem Prinzip des Verdienstes beziehungsweise nach dem Prinzip der Leistung. Man spricht in diesem Falle von ›Meritokratie‹. Die Idee, die dahintersteckt, ist einfach: Es soll gerecht zugehen in einer Gesellschaft; folglich soll niemand aufgrund persönlicher Vorteile, die etwa aus der Geburt in ein wohlhabendes Elternhaus resultieren (oder zumindest mit höherer Wahrscheinlichkeit resultieren können), deutlich bessere Chancen haben als andere. Was zählen soll, ist allein die Leistung, die jemand erbringt. Und ob jemand dazu in der Lage ist, hängt vom persönlichen Willen ab. Es ist jener alte amerikanische Traum, der vom Tellerwaschen zur Millionärsvilla führt:

»You can make it if you try.« Doch so schillernd und glitzernd dieser Traum sein mag, es gibt laut Michael Sandel wenigstens zwei Probleme mit der Meritokratie. Erstens ist es eine Illusion zu glauben, das Erbringen von Leistung sei allen Menschen gleichermaßen möglich. In den USA, aber auch in Deutschland besteht schon lange eine starke Abhängigkeit des Bildungserfolgs von der sozialen Herkunft. Ja, natürlich gibt es sie, die Beispiele derjenigen, die aufgestiegen sind; derjenigen, die sich, wie es gerne heißt, ›aus einfachen Verhältnissen kommend nach oben gearbeitet haben‹. Aber im Großen und Ganzen, daran kann auch der Fokus auf derlei erfreuliche Fälle nichts ändern, ist soziale Mobilität, vor allem wenn sie nach oben führen soll, noch immer eine Frage der Startposition und der Umstände. Sie ist, anders ausgedrückt, abhängig von Zufälligkeiten. »You can't make it even if you try.« Damit verknüpft ist ein zweites Problem: Wer sich in einer Meritokratie etwas erarbeitet hat, sei es Geld, eine bestimmte gesellschaftliche Position oder Ansehen (oder alles zusammen), wird sich dies vorrangig als eigene Leistung anrechnen. Zugegeben, auch ich wäre zu Schul- und Studienzeiten irritiert gewesen, hätte man mir erklärt, meine Stipendien hätte ich mir nicht durch gewisse Leistungen verdient. Umgekehrt werden jedoch auch Misserfolge als etwas Eigenes verbucht; als etwas, das auf eigenem Verschulden, mangelnder Anstrengung, fehlendem Willen beruht. »You can't make it if you don't try.« Dieser Fokus auf persönliche Verantwortlichkeit jedoch führt zu Gefühlen von Überlegenheit auf der einen und Unterlegenheit auf der anderen Seite. Man hat es eben nicht anders verdient. Doch was, so mag gefragt werden, hat dies mit der Situation der Menschen auf Lesbos, auf anderen griechischen Inseln oder generell in den Flüchtlingslagern dieser Welt zu tun?

Wer nach Südamerika reist und Peru besucht, wird aller Wahrscheinlichkeit nach einen Trip zu den Ruinen von Machu Picchu nicht auslassen. Sie sind das touristische Symbol des Landes, diese aus riesigen dunklen Steinen errichteten

Gebäude, die sich vor zwei grünen, oft wolkenverhüllten Felsnadeln gruppieren. Über dreitausend Menschen täglich kamen in den vergangenen Jahren nach Machu Picchu und zeigten sich beeindruckt von der logistischen Meisterleistung, die erforderlich gewesen sein muss, um eine solche Anlage in einer solchen Berglandschaft zu errichten. Sie bewunderten die wuchtigen Steine, die uneinnehmbar wirken. Doch in Wirklichkeit erzählen diese Steine wie die Ruinen anderer Imperien auch die Geschichte eines Untergangs. Es ist die Geschichte des einst mächtigen Inkareiches und seines zeitweiligen Königs Atahualpa. Dessen Thron stand zwar nicht in Machu Picchu (und manche Theorien behaupten gar, die Anlage sei bereits zur Zeit seiner Regentschaft in der ersten Hälfte des sechzehnten Jahrhunderts nicht mehr in Benutzung gewesen). Doch die Niederlage, die er im Jahr 1532 gegen den spanischen Eroberer Francisco Pizarro erlitt, markierte den Anfang vom Ende des Inkareiches. Der gefangen genommene Atahualpa wurde trotz Zahlung eines

Lösegeldes hingerichtet, Peru wurde spanische Kolonie. In seinem Buch *Guns, Germs and Steel* fragt der Geograf Jared Diamond nach den Gründen für diese Niederlage.[15] Auf den ersten Blick sind sie freilich schnell ermittelt: Die spanischen Truppen besaßen Schusswaffen, die Inkas nicht; die spanischen Soldaten saßen auf hohen Pferderücken, die Inkas nicht; die Spanier brachten Viren und Bakterien mit, gegen die die Inkas keine Abwehrkräfte hatten. Es war ein ungleicher Kampf, der dort gekämpft wurde. Er kannte von Anfang an nur einen Sieger. Doch warum, so fragt Diamond, waren es die Spanier, die nach Peru kamen und es eroberten? Warum war es nicht umgekehrt? Warum landete nicht ein Inkakönig mit seinen Truppen auf der iberischen Halbinsel und machte sie zu einer Kolonie für sich? Die Antwort, die Diamond darauf gibt, ist viele hundert Seiten lang. Doch im Kern handelt sie vom Einfluss historischer Zufälligkeiten, von der Macht, die jene Bedingungen haben, unter denen man lebt und aufwächst. Er konzentriert sich dabei vor allem auf Bedingungen der Geografie. Der eurasische Kontinent bot, so argumentiert er, bessere Ausgangsbedingungen als beispielsweise Amerika und Afrika, etwa mit Blick auf domestizierbare Tierarten und Nutzpflanzen. Sie waren es neben anderem, die eurasische Gesellschaften langfristig mächtig und reich werden ließen, die die Erfindung von Schusswaffen, die Zähmung von Reittieren und die Ausbreitung von Viren begünstigten. Sie waren es, die dafür sorgten, dass nicht Atahualpa Pizarro, sondern Pizarro Atahualpa besiegte. Und sie sind es, die dafür sorgen, dass nicht ich in Gambia festsitze, sondern zwei Männer aus Gambia auf Lesbos ausharren.

Das Misstrauen, jener Wall, der sich um Europa zieht, insbesondere an den südlichen und östlichen Grenzen, speist sich aus einer Vermutung. Es ist die Vermutung, längst nicht alle derjenigen, die dort warten, hätten berechtigte Gründe für die Gewährung von Asyl. Was aber sind berechtigte Gründe für Asyl? In Artikel 14, Absatz 1 der Allgemeinen Erklärung der Menschenrechte, wie sie im Dezember 1948 in Paris durch die UN-Generalversammlung ausgerufen wurde, heißt es: »Jeder Mensch hat das Recht, in anderen Ländern vor Verfolgungen Asyl zu suchen und zu genießen.« Verfolgung also scheint ein berechtigter Grund zu sein. Doch ist dies noch sehr weit gefasst und die Erklärung der Menschenrechte zudem kein völkerrechtlicher Vertrag. Etwas anders verhält es sich bei der Genfer Flüchtlingskonvention, die 1951 auf einer UN-Sonderkonferenz in Genf verabschiedet wurde. Sie spezifiziert verbindlicher, wer das Recht auf Asyl wegen Verfolgung in Anschlag bringen kann: Diejenigen, die aufgrund ihrer ›Rasse‹ (so der Ausdruck des Abkommens), ihrer Religion, ihrer Nationalität, ihrer Zugehörigkeit zu einer bestimmten sozialen Gruppe oder ihrer politischen Überzeugung verfolgt werden. Letzteres nennt auch der Artikel 16a des Grundgesetzes der Bundesrepublik Deutschland als Asylgrund. Aber was ist mit den Menschen, denen die genannten Gründe fehlen? Zumindest in der Europäischen Union (außer in Irland und

Dänemark) bleibt ihnen seit einigen Jahren die Möglichkeit, sogenannten subsidiären, das heißt behelfsmäßigen Schutz zu beantragen. Dieser wird gewährt (oder kann gewährt werden), wenn etwa im Herkunftsland Todesstrafe oder Folter drohen oder wenn ein internationaler oder innerstaatlicher Konflikt eine ernsthafte Bedrohung des eigenen Lebens darstellt. Dieser Schutz bedenkt also die Menschen, die in der Alltagssprache oft als ›Kriegsflüchtlinge‹ bezeichnet werden. Allen anderen, die keinen der genannten Gründe vorbringen können, bleibt Asyl in der Regel verwehrt. Auch für sie hat die Alltagssprache einen Ausdruck hervorgebracht: Sie werden oft ›Wirtschaftsflüchtlinge‹ genannt. Es schwingt in diesem Ausdruck je nach Verwendung vieles mit, nicht selten aber auch das meritokratische Prinzip: Armut könne kein Grund für Asyl sein. Um der Armut zu entkommen, um ein besseres Leben zu führen, müsse ein Mensch oder gar ein ganzes Land schlicht etwas leisten. »You can make it if you try.«

Im deutschen Fernsehen erfreuen sich seit vielen Jahren sogenannte Auswanderer-Doku-Soaps einer gewissen Beliebtheit. Sie zeigen Menschen, die Deutschland hinter sich lassen, um woanders ihr Glück zu finden, ob in Bangkok oder Palma de Mallorca. Die Kamera begleitet sie in den Tagen vor der Abreise, auf den Stunden ihres Flugs, in den Wochen und manchmal Monaten nach ihrer Ankunft. Sie zeichnet Kulturschocks, Sprachbarrieren und das Platzen von Träumen auf. Derlei TV-Formate beziehen ihre Beliebtheit wohl gerade daraus: dass große Hoffnungen bestehen, die am Ende erfüllt oder bitter enttäuscht werden können. Es ist für die Zuschauenden ein Kitzel, beim Gelingen oder Misslingen zuzusehen. Nicht selten werden die Hoffnungen von vornherein als überzogen bewertet. Was aber nicht infrage gestellt wird, ist die Berechtigung jener Menschen, überhaupt in anderen Teilen dieser Welt nach einem besseren Leben zu suchen. Keiner von ihnen landet in einem Flüchtlingslager, wird mit anderen, unbekannten Menschen in ein Zelt gezwängt, muss mit einem Dixi-Klo Vorlieb nehmen, mit einer einzigen Essensausgabe pro Tag klarkommen, muss vergebens nach einer Dusch- oder Waschgelegenheit suchen. Der deutsche Pass, den sie besitzen, und überhaupt der gemeinhin gute Ruf des Landes, aus dem sie stammen, öffnet ihnen die Tore vieler Länder dieser Welt. Laut dem aktuellen *Global Passport Power Rank* ist der deutsche Pass neben dem luxemburgischen derzeit der mächtigste Pass der Welt.[16] Wer ihn besitzt, darf in neunundneunzig Länder visafrei einreisen. Die Pässe am Ende des Rankings erlauben dies in gerade einmal sieben, fünf beziehungsweise vier Länder. Es sind dies der syrische, der afghanische und der irakische Pass. Mit einem Pass aus Gambia (Platz 52) sind es immerhin sechsunddreißig. Ist es ein Resultat persönlichen Versagens, einen gambischen, irakischen, afghanischen oder syrischen Pass zu besitzen? Ist es eine Leistung oder ein Verdienst, deutsch zu sein? Nein, es ist das Ergebnis einer Zufälligkeit. Es ist, wie es die Politikwissenschaftlerin Ayelet Shachar treffend ausgedrückt hat, eine Frage des Loses, das man in der »Lotterie der Geburtsrechte« zieht.[17] In dieser Lotterie ein gutes Los zu haben, verdankt man einer zufälligen Gnade: nicht der Gnade der späten, sondern der Gnade der europäischen Geburt. Doch ist diese Gnade etwas Göttliches, Unverrückbares, das sich menschlichem Einfluss entzieht? Nein, das ist sie nicht. Denn die Lotterie der Geburt, die über die Zugehörigkeit zu politischen Gemeinschaften und damit über persönliche Rechte und Chancen, ja letztlich über die Grenzen des Glücks entscheidet, ist nichts, das von einem göttlichen Wesen ersonnen wurde. Sie ist vielmehr etwas Menschengemachtes. Und Menschen sind es, die sie außer Kraft setzen können. Sie müssen es nur wollen.

TRAGIKEN

Über dem Hafen von Mytilene steht der Mond. Seine Strahlen glitzern weißlich auf dem Meer. Es ist derselbe Mond, den einst die Dichterin Sappho besungen hat: *Und die Sterne rings um den schönen Mond / wieder verbergen ihr glänzendes Gesicht, / sooft er als Vollmond am meisten erhellt / die Erde.*[18] Sappho gilt als erste historisch bezeugte Dichterin. Nur Homers *Ilias* und *Odyssee* sind als vollständig erhaltene Werke noch früher zu datieren. Schon in der Antike sahen manche in ihr Homers weibliches Pendant. Sie wurde im letzten Drittel des siebten Jahrhunderts vor Christus auf Lesbos geboren. Sie war somit eine Zeitgenossin des Lyrikers Alkaios. Auch er lebte auf Lesbos. Doch die Insel, die die beiden in ihren Versen beschreiben, scheint nicht dieselbe gewesen zu sein. Bei Sappho ist von den Bergen die Rede und von den Blumen, von jungen Mädchen und von der Liebe, der zärtlichen wie der schmerzhaften (in Phaon, den Fährmann, soll die Dichterin unglücklich verliebt gewesen sein, so besagt eine Legende). Bei Alkaios hingegen werden Kämpfe gefochten, und Segel zerbersten im Sturm. Es ist eine andere Welt, von der er spricht. Die Gleichzeitigkeit des Ungleichzeitigen gab es damals schon so, wie es sie heute noch gibt.

Um das Hafenbecken reiht sich eine dichte Kette von Restaurants und Bars. Junge Leute sitzen beim Aperitif; die Musik aus den Lautsprechern dröhnt so laut, dass sie kaum ihr eigenes Wort verstehen. Es herrscht gelöste Feierabendstimmung wie an vielen Orten der Welt um diese Zeit. Gegen neun Uhr füllen sich die Restaurants in den Gassen und Höfen hinter der Promenade. Es werden Platten mit gebratenem Fleisch herumgereicht, Schüsseln mit Pilzen, Tomaten und Oliven. Weinkaraffen stehen auf den Tischen, Biergläser sind gefüllt, Körbe mit Weißbrot stapeln sich dazwischen. Die Tische sind so voll, dass sie kaum alles fassen können.

Und die da sitzen an diesen Tischen, sind nicht nur Einheimische. Zu sehen sind (sogar in Überzahl?) die Gesichter derjenigen, die sich tagsüber durchs Camp bewegten, die Symbole der Hilfsorganisationen auf der Brust. Das Lager aber haben sie nun hinter sich gelassen, haben ihm den Rücken zugekehrt für den Abend und für die Stunden der Nacht bis zum nächsten Morgen; es ist ihnen kaum zu verdenken. Sie stoßen mit Ouzo an und sagen: Lasst uns ein wenig Ablenkung suchen! Lasst uns von den schönen Dingen des Lebens reden! Ich sitze dabei und denke: Wohl denen, die sie noch kennen, die schönen Dinge.

Jenseits der Stadt, zu Füßen des Hügels von Kara Tepe stehen die Zelte in der Dunkelheit. Der Mond bescheint auch sie. Doch anders als im Hafen von Mytilene wohnt nichts Wildromantisches in seinem Schein, eher etwas Kaltes, Abweisendes. In einem der Zelte liegen zwei Kinder, ein fünfjähriges und ein einjähriges. Sie haben sich so dicht wie möglich an ihre Eltern geschmiegt; das kleinere trinkt an der Brust seiner Mutter. Es hat vor wenigen Tagen seine ersten Schritte gemacht, hat mit seinen kleinen Füßen versucht, Halt zu finden auf dem steinigen Hang, während sein Vater und sein Bruder Gestrüpp herausrissen zum Feuermachen. Nun hat es seine Augen geschlossen und wärmt sich mit der Milch gegen die Kälte. Denn draußen weht der Wind vom Meer heran. Und obwohl die Sonne tagsüber scheint und die Hitze groß ist, liegt in diesem Wind mit jeder Nacht, die kommt, immer weniger etwas Sommerlich-Laues. Vielmehr ist er der Vorbote für die Winde des Winters, die harsch sein können auf den griechischen Inseln, die Regen und Schnee bringen. Die Schneeflocken, die kommen, werden die ersten sein, die das Kind bewusst wahrnimmt. Es wird mit Staunen und Verzückung, wie alle Kinder dieser Welt, vor ihnen stehen, sie auf seine Hand fallen lassen, wird sie fortpusten, sie kosten, wird die kleinen Kristalle wie ein Geschenk von einem fernen Ort betrachten. Seine Mutter und sein Vater aber können dem Schnee nichts Verzauberndes abgewinnen. In den Metropolen Europas wird um diese Jahreszeit die Pandemie wieder das allbestimmende Thema sein; wird, von wenigen Ausnahmen abgesehen, vergessen lassen haben, dass hier am Rande der EU, am Rande einer Insel Menschen sitzen und darauf warten, ins Warme gelassen zu werden. Alles, was sie spüren, ist ein kalter Hauch. Sie starren hinüber zur türkischen Küste, dorthin, von wo sie vor Monaten oder vor Jahren gar gekommen sind. Sie erinnern sich daran, wie nah Europa ihnen damals schien. Und sie denken daran, wie fern es ihnen jetzt ist.

Vom Nobelpreisträger-Flughafen in Mytilene erhebt sich an einem Freitagnachmittag Anfang Oktober die kleine Maschine in den Himmel. Sie fliegt zunächst in südliche Richtung, aufs dunkelblaue Meer hinaus. Dann dreht sie nach Westen, sodass zur Rechten, durch ihre kleinen, ovalen Fenster, die Insel zu erblicken ist. Dort liegt die Hauptstadt mit ihrer Hafenzeile; dort ist Panagioúda mit seiner silbern behelmten Kirche. Dazwischen befindet sich das Camp. Es ist zu sehen in der Ferne, während das Flugzeug an der Südküste entlanggleitet, über felsige Buchten und struppige Haine hinweg. Dann schließlich nimmt ein Berg die Sicht, er heißt ›Olymp‹. Doch wohnen keine Götter auf seinem Gipfel, nur Antennen. Die Maschine fliegt weiter, entfernt sich zunehmend, lässt Lesbos hinter sich liegen, so, wie sie auch andere Orte dieser Welt hinter sich lassen würde. Es ist die Tragik des Blicks, dass die Dinge aus ihm verschwinden. Und es ist die Tragik der Bücher, dass man sie einfach zuschlagen kann.

ANMERKUNGEN

1 Homer: *Ilias und Odyssee*. Übers. von Johann Heinrich Voß. Frankfurt am Main 2008, S. 1105.

2 Ernst Bloch: *Erbschaft dieser Zeit*. Frankfurt am Main 1985, S. 104.

3 https://twitter.com/ErikMarquardt/status/1309838590227214336 (letzter Aufruf am 08.10.2020).

4 Navid Kermani: *Einbruch der Wirklichkeit. Auf dem Flüchtlingstrek durch Europa*. München 2016, S. 24 und S. 45.

5 Elizabeth Currid-Halkett: *The Sum of Small Things. A Theory of the Aspirational Class*. Princeton 2017 (dt. Übers. von Judith Wenk: *Fair gehandelt? Wie unser Konsumverhalten die Gesellschaft spaltet*. München 2021).

6 https://www.youtube.com/watch?v=XRqN9E9boCY (Minute 4:13; letzter Aufruf am 14.10.2020) sowie Wolfgang Grenz, Julian Lehmann und Stefan Keßler: *Schiffbruch. Das Versagen der europäischen Flüchtlingspolitik*. Bonn 2015, S. 85–88.

7 Michael Tomasello: *A Natural History of Human Morality*. Cambridge, Mass./London 2016 (dt. Übers. von Jürgen Schröder: *Eine Naturgeschichte der menschlichen Moral*. Berlin 2016).

8 Immanuel Kant: »Zum ewigen Frieden. Ein philosophischer Entwurf« [1795], in: *Schriften zur Anthropologie, Geschichtsphilosophie, Politik und Pädagogik* (Werkausgabe Band 11). Frankfurt am Main 1977, S. 214.

9 Ebenda, S. 213.

10 Seyla Benhabib: *The Rights of Others. Aliens, Residents and Citizens*. New York 2004 (dt. Übers. von Frank Jakubzik: *Die Rechte der Anderen. Ausländer, Migranten, Bürger*. Frankfurt am Main 2008).

11 Wendy Brown: *Walled States, Waning Sovereignty*. New York 2017

(dt. Übers. von Frank Lachmann: *Mauern. Die neue Abschottung und der Niedergang der Souveränität*. Berlin 2018).

12 Jean-Jacques Rousseau: *Diskurs über die Ungleichheit. Discours sur l'inégalité*. Übers. von Heinrich Meier. Paderborn 2008, S. 67.

13 Ebenda, S. 173.

14 Michael J. Sandel: *The Tyranny of Merit. What's Become of the Common Good?* London 2020 (dt. Übers. von Helmut Reuter: *Vom Ende des Gemeinwohls. Wie die Leistungsgesellschaft unsere Demokratien zerreißt*. Frankfurt am Main 2020), S. 33.

15 Jared Diamond: *Guns, Germs & Steel. The Fates of Human Societies*. New York 1997 (dt. Übers. von Volker Englich: *Arm und Reich. Die Schicksale menschlicher Gesellschaften*. Erw. Neuausgabe. Frankfurt am Main 2006).

16 https://www.passportindex.org/byRank.php (letzter Aufruf am 20.10.2020).

17 Ayelet Shachar: *The Birthright Lottery. Citizenship and Global Inequality*. Cambridge, Mass./London 2009.

18 Sappho: *Gedichte. Griechisch-Deutsch*. Hrsg. u. übers. von Andreas Bagordo. Düsseldorf 2009, S. 104.

DANKSAGUNG

Ich danke der Person, die mich mit ins Camp genommen, und den Menschen, die dort mit mir gesprochen haben, für ihre Offenheit.
Ich danke meinem Verlag für seinen Wagemut, ein solches Buch in so kurzer Zeit zu machen.
Ich danke Erik Marquardt für das spontane Gespräch im Kafeneio P.
Ich danke Jennifer Sprodowsky, Esther Lea Neuhann und Frieder Oelze für ihre zahlreichen Ratschläge, ihre Hilfe und ihre Kritik.
Und ich danke Nora. Dies ist auch ihr Buch.

Leipzig im November 2020 Anselm Oelze